JN430601

맛있는 요리를 만드는 레시피가 있는 것처럼 웃음, 힐링, 성장을 만드는 레시피도 있을까요?
레시피팩토리는 모호함으로 가득한 이 세상에서 당신의 작은 행복을 위한 간결한 레시피가 되겠습니다.

아기가 잘 먹는

이유식은
따로 있다

간식편

레시피팩토리

마더스고양이가 전하는 Message

〈아기가 잘 먹는 이유식은 따로 있다〉가 출간되고 과분할 만큼 많은 사랑을 받았습니다.
출간 2년이 지나고 이유식을 끝낸 독자들의 요청이 이어져 〈2~11세 아이가 있는
집에 딱 좋은 가족밥상〉을 펴냈는데, 그 역시 큰 사랑을 받았습니다.
이 두 권으로 아이를 키웠다는 분들, 책이 너덜너덜해질 때까지 봤다는 분들의
이야기를 전해 들을 때면 정말 뿌듯하고 얼마나 감사한지 모릅니다.

이 책도 독자들의 제안에서 시작되었습니다. 이유식 초기가 끝날 즈음부터 시작하는
아기 간식을 보다 다양하게 소개한 〈아기가 잘 먹는 이유식은 따로 있다〉의 간식편을
만들어달라는 요청이었지요. 독자들의 이야기를 들으니 저희 아이 이유식 시기가
떠오르더라고요. 지금 생각해보면 그땐 전쟁 같았어요. 아기에게 이유식을
한 숟가락이라도 더 먹이자는 마음으로 이유식에만 집중했습니다. 어설프게 시작했던
초기 이유식이 끝나고 중기 이유식에 들어서니 조리 방법도 조금씩 복잡해지고,
간식까지 챙겨 먹여야 해서 더 바빠지더라고요. 육아도 힘든데 이유식에, 간식까지
준비하자니 점점 저나 남편 먹는 것엔 소홀해질 수밖에 없었습니다.
특히, 엄마인 제 자신에게요.

힘든 것을 너무 잘 알기에, 이 책을 준비할 때 가장 신경 쓴 것은 보다 더 간단한 과정,
더 쉬운 조리법입니다. 간식 레시피를 하나씩 보면 조리할 때마다 찌거나 삶도록
설명되어 있지만, 한 번에 넉넉하게 쪄서 으깨두면 필요할 때마다 다른 재료와 섞거나
굽기만 하면 돼서 초보 엄마들도 부담 없이 어렵지 않게 만들 수 있을 거예요.

보는 시각을 달리하면 이 책 속의 메뉴들은 어른들의 건강식이기도 합니다.
다이어트에 이보다 더 좋을 수 없는 재료와 조리법을 사용했어요.
그래서 아기만 먹이지 말고 엄마들도 같이 드셨으면 합니다.

사실 아기 돌보기와 집안일에 정신없이 하루를 보내다 보면 배가 고플 때
그냥 싱크대 앞에 서서 밥에 물 말아 대충 꺼내둔 반찬이랑 해치우듯 먹는 게
일상이 되곤 하죠. 가끔은 '내가 왜 이러고 살아야 하나' 싶어 우울하기도 합니다.
출출하면 빵이나 과자 등 좋지 않은 탄수화물로 허기를 달래니, 몸은 힘들어도
살은 전혀 빠지지 않고, 운동은커녕 다이어트할 엄두조차 내지 못합니다.
기껏 한다는 다이어트가 며칠 저녁 굶는 정도지요. 저도 그렇게 보냈답니다.

그때의 저에게 지금의 저는 "아기 이유식을 같이 먹는 건 그리 내키진 않겠지만,
이유식 간식은 아기만 먹이지 말고 같이 먹어"라고 꼭 말해주고 싶어요.
책에 있는 그대로 조리하지 않아도, 찐 것이나 삶은 것은 그냥 먹어도 됩니다.
이 책이 단순히 아기의 이유식 사이에 먹는 간식 책으로 끝나는 것이 아니라
엄마와 아기가 함께 건강하게 먹을 수 있고, 그래서 엄마기 조금이라도
행복해질 수 있는 계기가 될 수 있다면 좋겠습니다.

집에서나 외출할 때 그냥 시판 과자를 간식으로 많이 주게 되는데요,
그런 간식들이 육아를 편리하게 해주긴 하지만 일부 제품을 제외하고는
다른 영양가 없이 그냥 탄수화물인 경우가 많습니다. 이 책에는 외출 시
가지고 나가기 좋은 이유식 간식이 특히 많아 아주 유용할 거예요.
제가 저희 아기에게 이유식 간식을 만들어 먹이며 뿌듯해했듯, 많은 분이
이 책을 부디 지혜롭게 활용하셨으면 하는 바람입니다. 언제나 한결같이
마더스고양이의 요리책을 응원해주신 모든 분께 다시 한 번 고개 숙여 감사드립니다.

2015년 9월, 마더스고양이 김정미

Contents

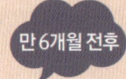

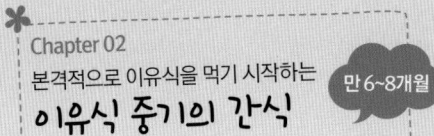

Chapter 02
본격적으로 이유식을 먹기 시작하는 만 6~8개월
이유식 중기의 간식

Contents

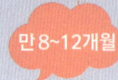

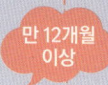

Chapter 04
다양한 음식을 먹기 시작하는
이유식 완료기의 간식

만 12개월
이상

월령별로 조금씩 달라지는 이유식 간식

초기 이유식이 끝나갈 즈음 아기는 신체 활동이 활발해지면서 더 많은 열량을 필요로 하지요.
이때부터 이유식과 분유를 먹는 사이에 배고픔도 달래고 맛과 영양도 보충하기 위해 주는 것이
바로 이유식 간식입니다. 우리 아기 월령에 맞춰 어떻게 이유식 간식을 챙겨주면 좋을까요?

이유식과 간식의 이해

이유식은 밥 먹는 것을 연습하는 과정이고,
간식은 이유식과 모유(분유) 사이에 먹는, 열량과 영양 보충 음식으로 생각하면 됩니다.

이유식 간식은 이유식이나 밥처럼 거창할 필요가 없습니다.
재료는 월령, 제철, 영양가 등을 고려해 고르고, 조리법은 으깨거나 섞는 등 간단한
방법으로 만들면 됩니다. 그래서 보통 이유식 간식의 재료로는 탄수화물이나 당이 들어
있어 충분한 열량원이 되는 동시에 비타민과 무기질 등이 풍부해 영양적으로도 좋은 감자,
고구마, 단호박, 제철 과일 등을 많이 활용합니다. 만약 아기가 이유식이나 모유(분유)를
잘 먹지 않는다면, 또는 간식은 먹으면서 이유식을 잘 먹지 않는다면 과감하게 간식을
중단하는 것이 좋습니다. 간식이라도 넉넉히 먹이려는 엄마들이 많은데,
그것보다는 공복 상태를 만들어 기본이 되는 이유식, 모유(분유)를 잘 먹게 하는 것이
아기의 올바른 성장과 식습관에 더 좋기 때문입니다.

이유식과 간식은 어떤 비율로 먹이면 좋을까요?
(이유식 횟수와 양·수유량·간식 횟수)

1일 기준으로 말하자면,

월령	이유식	1일 수유량	간식
만 4~6개월	초기 이유식 1회(한 끼에 30~80㎖)	800~1,000㎖	초기 이유식 끝날 즈음 간식 1회(40㎖)
만 6~8개월	중기 이유식 2회(한 끼에 60~120㎖)	700~800㎖	간식 1회(70㎖)
만 9~12개월	후기 이유식 3회(한 끼에 100~150㎖)	600~700㎖	간식 1~2회(1회에 110㎖)
만 12개월 이상	완료기 이유식 3회(한 끼에 120~180㎖)	400~500㎖	간식 1~2회(1회에 130㎖)

월령별 간식의 특징

초기 이유식 끝날 즈음
시작하는 간식

1일·1회·40㎖(약 1/5컵, 200㎖ 계량컵 기준)
초기 이유식은 주로 쌀로 만든 미음에 초기에
먹일 수 있는 재료를 섞어 먹이는데요,
이 시기가 끝나갈 즈음부터 하루에 한 번 정도
간식을 시작하세요. 이때 간식은 **재료를 푹 익혀
으깬 후 분유나 모유, 생수를 섞어 묽고 부드러운
농도의 퓌레 상태가** 되게 만들면 됩니다.

본격적으로 이유식을 먹기 시작하는
이유식 중기의 간식

1일·1회·70㎖ 분량(약 1/3컵, 200㎖ 계량컵 기준)
조금씩 덩어리진 음식을 먹는 연습을 시키세요.
아직 이가 나지 않았더라도 잘게 자르거나 으깨주면
잇몸으로 씹어 먹을 수 있습니다. 이때 간식은
**재료 덩어리가 살짝 있는 매시, 푸딩, 전분 젤리,
수프 등이** 좋아요. 컵 사용법도 알려주기 시작하는
시기라서 **다양한 음료도** 좋아요. 컵은 스트로 컵,
스파우트 등 순서 상관없이 연습시키세요.
이유식 먹이고 연이어 모유(분유) 수유를 한 후
간식은 다음 수유 사이에 먹이세요.

호기심이 왕성해져 손을 쓰기
좋아하는 이유식 후기의 간식

1일·1~2회·110㎖ 분량
(약 1/2컵, 200㎖ 계량컵 기준)
이유식 중기가 끝나고 후기로 이어질 즈음이면
아기들은 뭐든 손으로 잡으려고 하지요.
소근육 키우기를 연습하기 좋은 시기이니
스스로 손으로 집어 먹을 수 있는 핑거 푸드 간식을
많이 만들어주세요. 이런 간식은 외출할 때 가지고
나가기에도 좋습니다.

다양한 음식을 먹기 시작하는
이유식 완료기의 간식

1일·1~2회·130㎖ 분량
(약 2/3컵, 200㎖ 계량컵 기준)
첫돌이 지나면 뭐든 다 먹을 수 있을 거라는 생각에
이것저것 그냥 막 먹이기도 하는데요, 그동안
정성스럽게 이유식을 먹이며 만들어왔던 아기의
건강한 식습관과 입맛을 헤치는 일이 될 수 있습니다.
**되도록 완료기에 맞는 이유식과 간식을 먹이도록
하세요.** 초기, 중기, 후기에 만들었던 이유식 간식을
완료기에 먹여도 됩니다. 또한 조금 응용해
유아기나 초등기에 먹여도 좋습니다.

월령별로 먹여도 좋은 식품과 주의할 식품

🫘 곡류&콩류

초기	쌀, 찹쌀, 완두콩 ❗ 오트밀은 5개월 이후에 먹인다.
중기	보리, 수수(알레르기가 있다면 돌 이후에 먹인다), 옥수수, 차조, 현미 두부류, 대두, 강낭콩, 검은콩, 밤콩 등 대부분의 콩류 ❗ 두부, 두유는 7개월 이후에 먹인다.
후기	녹두 등 대부분의 곡류, 대부분의 콩류 ❗ 알레르기가 없으면 밀가루 가능. 식빵은 달걀, 설탕, 버터 등이 함유되지 않은 것을 먹인다.
완료기	팥, 율무 등 대부분의 곡류, 대부분의 콩류 ❗ 혼합 잡곡은 24개월 이후에 먹인다.

🥕 채소류

감자, 고구마, 단호박, 브로콜리, 비타민, 애호박, 양배추, 오이, 청경채, 콜리플라워 ❗ 당근, 무, 배추, 시금치, 양파는 6개월 이후에 먹인다.
당근, 무, 배추, 버섯류, 비트, 시금치, 아욱, 양파, 연근
가지, 도라지, 숙주, 우엉, 콩나물, 파 등 대부분의 채소 ❗ 파프리카는 첫 돌 무렵부터, 토마토는 돌 이후에 먹인다.
고사리, 깻잎, 냉이, 부추, 쑥, 치커리, 토란, 토마토

🍎 과일류

초기	바나나, 배, 사과 ❗ 과일은 초기 이유식 후반부터 먹인다. 바나나는 양 끝을 잘라내고, 가운데 부분만 먹인다.
중기	멜론, 블루베리, 수박, 아보카도, 자두 ❗ 멜론은 중기 후반부터 먹인다.
후기	귤즙, 살구, 참외, 포도즙 ❗ 신맛이 나는 과일은 첫 돌 무렵부터 먹인다.
완료기	딸기, 망고, 복숭아, 키위, 홍시 오렌지, 파인애플 등 대부분의 과일 ❗ 알레르기가 있다면 딸기, 복숭아는 두 돌 이후에 먹인다.

🥛 유제품

없음
없음
설탕이 들어 있지 않은 플레인 요구르트, 아기용 저염 슬라이스 치즈 ❗ 염분, 설탕, 과당, 식품첨가물을 확인. 알레르기가 있다면 돌 이후. 액상 요구르트는 먹이지 않는다.
우유, 버터, 생크림, 크림치즈 ❗ 우유는 모유나 분유 수유가 끝난 후 먹인다. 설탕, 과당, 염분의 양, 식품첨가물을 확인할 것. 액상 요구르트는 먹이지 않는다.

🥚 난류

초기	없음
중기	노른자(완전히 익힌다) ❗ 흰자는 알레르기를 유발할 우려가 있으므로 먹이지 않는다. 알레르기가 있다면 노른자도 두 돌 이후에 먹인다.
후기	노른자(완전히 익힌다) ❗ 흰자는 알레르기를 유발할 우려가 있으므로 돌 이후에 먹인다.
완료기	흰자, 노른자 모두 가능 ❗ 알레르기가 있다면 달걀은 두 돌 이후에 먹인다.

🥩 육류

초기	만 6개월부터 쇠고기, 닭고기 ❗ 쇠고기 안심, 닭 안심, 닭가슴살을 사용한다.
중기	쇠고기, 닭고기 ❗ 쇠고기 육수용은 양지머리, 사태, 닭고기 육수용은 닭다리를 사용한다.
후기	쇠고기, 닭고기 ❗ 쇠고기 안심, 닭 안심, 닭가슴살은 기름기를 제거한다.
완료기	돼지고기 등 대부분의 육류 ❗ 기름기 많은 부위는 피한다.

🌰 견과류&건과류&유지류

초기	없음
중기	건포도, 구기자(7개월 이후), 대추, 푸룬
후기	깨, 밤, 참기름, 포도씨유, 올리브유 소량 사용 가능 ❗ 땅콩 및 견과류는 먹이지 않도록 주의. 콩기름으로 된 식용유는 GMO-free를 확인하고 되도록이면 사용하지 않는 것이 좋다.
완료기	대부분의 견과류 및 유지류 ❗ 땅콩은 알레르기를 유발할 우려가 있으므로 되도록 나중에 먹인다.

🍞 기타 식품

초기	루이보스티, 보리차
중기	뻥튀기, 쌀과자, 아기용 과자, 핑거푸드, 아기용 과일주스 ❗ 설탕, 과당, 소금, 식품첨가물의 함유 여부를 확인한다. 과일주스는 직접 생과일로 만든다.
후기	소면, 파스타, 쌀국수, 떡, 식빵, 아가베 시럽 ❗ 많이 푹 삶는다. 밀가루 음식은 되도록 먹이지 않는다. 떡(백설기)은 아주 작게 잘라 먹인다. 찰떡은 목에 걸릴 수 있어 두 돌 이후에 먹인다. 식빵은 작게 잘라 구워 먹인다. 이때 설탕, 달걀 등을 주의한다.
완료기	우동 등 대부분의 면류, 꿀, 과일, 채소를 건조시켜 만든 과자, 과일주스 ❗ 알레르기가 있다면 밀가루가 들어간 면류는 나중에 먹인다. 꿀은 돌 전에 먹이지 않는다. 과일주스는 첨가물과 과당이 들어 있지 않은 것으로 먹인다. 시판 소스는 사용하지 않는다.

이유식과 간식에 활용하기 좋은 제철 재료들

	채소	과일
1월	고구마, 늙은 호박, 당근, 무, 브로콜리, 시금치, 연근, 우엉	제철 딸기
2월	당근, 무, 브로콜리, 시금치, 우엉	제철 딸기
3월	버섯, 부추, 우엉	제철 딸기
4월	부추, 아스파라거스, 양배추, 양상추, 완두콩	제철 딸기, 참외
5월	부추, 애호박, 양배추, 오이, 완두콩, 쪽파	제철 매실, 산딸기, 수박, 앵두, 자두, 참외
6월	감자, 부추, 상추, 시금치, 양배추, 양파, 애호박, 오이, 쪽파, 토마토	제철 매실, 복숭아, 산딸기, 살구, 수박, 자두, 참외, 포도
7월	가지, 고구마순, 근대, 부추, 아욱, 애호박, 양상추, 양파, 오이, 옥수수, 피망, 콩	제철 멜론, 복숭아, 블루베리, 수박, 아보카도, 자두, 참외, 포도
8월	가지, 감자, 강낭콩, 고구마, 고구마순, 근대, 도라지, 아욱, 양배추, 양파, 애호박, 오이, 옥수수, 콩	제철 멜론, 복숭아, 블루베리, 수박, 포도
9월	감자, 고구마, 고구마순, 느타리버섯, 늙은 호박, 당근, 도라지, 부추, 양파, 오이, 순무, 시금치, 표고버섯	제철 대추, 무화과, 블루베리, 포도, 호두
10월	고구마, 느타리버섯, 늙은 호박, 당근, 도토리, 도라지, 무, 부추, 송이버섯, 순무, 시금치, 양송이버섯, 표고버섯	제철 대추, 모과, 밤, 사과, 석류, 오미자, 유자, 은행, 잣
11월	늙은 호박, 당근, 대파, 무, 배추, 부추, 시금치, 연근, 우엉, 쪽파	제철 감, 귤, 대추, 모과, 배, 사과, 오미자, 유자, 키위
12월	늙은 호박, 당근, 무, 배추, 브로콜리, 시금치, 대파, 연근, 콜리플라워	제철 귤, 대추, 딸기, 바나나

월령에 따른 재료의 크기와 농도

＊종류가 비슷한 재료들은 같은 방법으로 준비하세요.

 애호박 양배추 감자 & 고구마 브로콜리

	애호박	양배추	감자 & 고구마	브로콜리
초기	껍질을 제거하고 삶아 체에 내려 알갱이가 없는 수프 형태	잎만 삶아 체에 내리거나 믹서에 갈아 알갱이가 없는 상태	삶아서 고운 체에 내린다.	꽃 부분만 삶아서 체에 내리거나 믹서에 곱게 간다.
중기	사방 0.3cm로 곱게 다진다. 절구로 으깨 형태가 조금 남아있는 상태 	사방 0.3cm로 곱게 다진다. 흐물흐물한 상태	사방 0.3cm로 곱게 다져 절구에 한두 번 으깬 상태 	꽃 부분만 사방 0.3cm로 곱게 다진 후 절구에 한번 으깬 상태
후기	0.5cm로 다진다. 덩어리가 있으나 부드러워 쉽게 으깨지는 상태 	0.5cm로 다진다. 이와 잇몸으로 으깨지는 상태 	사방 0.5cm로 다진다. 쉽게 으깨지는 상태 	사방 0.5cm로 다진다. 이나 잇몸으로 쉽게 으깨지는 상태 
완료기	0.7~1cm로 다진다. 부드러운 상태 	0.7~1cm로 다진다. 부드러운 상태	덩어리를 잡고 이로 잘라먹을 수 있는 상태	사방 0.7~1cm로 다진다. 부드럽게 익힌 상태. 줄기까지 사용

 시금치 당근 달걀 고기

	시금치	당근	달걀	고기
초기	잎만 삶아 체에 내린다. 	먹이지 않는다	먹이지 않는다	삶은 후 다져서 체에 내린다.
중기	잎만 삶아 으깨거나 다진 후 절구로 한두 번 으깬 상태 	사방 0.3cm로 곱게 다져 절구에 한두 번 으깬 상태 	완숙으로 삶아서 노른자만 체에 내린 상태 	사방 0.3cm로 다져 절구로 한두 번 으깨거나 더 곱게 다진 상태 
후기	사방 0.5cm로 다진다. 아기에 따라 줄기도 사용 	사방 0.5cm로 잘라 잇몸이나 숟가락으로 쉽게 으깨지는 상태 	노른자만 풀거나 완숙 노른자를 덩어리지게 으깬 상태 	사방 0.3~0.5cm로 다져 덩어리를 느낄 수 있는 상태 
완료기	사방 0.7~1cm로 다진다. 어른용 나물보다 부드럽게 익힌 상태 	사방 0.7~1cm로 다져 이로 쉽게 으깨지는 상태 	흰자, 노른자 모두 사용 	사방 0.6~0.7cm로 다져 이로 씹을 수 있는 상태

이유식 간식에 많이 쓰는 조리법

이유식 간식을 만들 때 주로 쓰는 조리법들을 소개하고 각각의 주의점을 알려드려요.
팁에서 소개한 계량법도 꼭 숙지하세요.

갈기

믹서나 분쇄기에 갈기
물기가 많은 재료를 갈거나 많은 양을 갈 때 믹서나 분쇄기를
사용하는 것이 편리하다. 감자, 당근, 호박, 사과, 바나나 등을
믹서에 갈면 비타민이 쉽게 파괴되고, 양파, 무, 토마토, 양배추,
귤 등은 믹서로 갈아도 비타민이 쉽게 파괴되지 않는다.

강판에 갈기
과일, 감자, 고구마, 당근 등을 가는 데 사용한다.
비타민 등 영양소의 파괴가 적은 조리법이다.

삶기, 데치기

아이가 먹을 이유식 간식 재료는
어른들 것보다 조금 더 무르게
삶도록 한다. 속까지 푹 익힌다.

뿌리채소 익히는 시간이 오래
걸리므로 작게 잘라서 삶거나
통째로 찐 다음 필요한 분량만큼
덜어 쓴다.

잎채소 잎 부분만 끓는 물에
데친다. 후기 이후 줄기까지
사용할 땐 줄기부터 넣어 데친다.

껍질 벗기기

감자, 고구마, 오이, 애호박(이유식 초기), 사과 등은
칼이나 필러로 껍질을 벗겨 조리한다.
단호박은 필러나 칼로 껍질을 제거한다. 이때 전자레인지(700W)에
20초 정도 익히면 껍질 부분만 익어서 벗기기 수월하다.

굽기

스테인리스 팬이 가장 안전하지만
잘 눌어붙고, 기름의 양을 조절
하기가 쉽지 않으므로 코팅이
잘 되어 있는 팬을 사용한다.
기름 대신 물로 볶는 방법도 있다.

체에 내리기

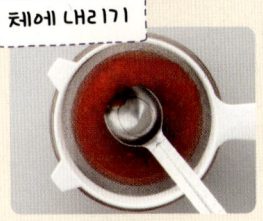

주로 초기에 많이 사용한다.
아기가 잘 소화시키지 못하는
채소의 섬유질을 제거하기
위해서 내리기도 한다.
재료를 통째로 푹 익힌 다음
내린다. 스테인리스 숟가락
뒷면으로 내리면 편하다.

으깨기

포크, 숟가락, 절굿공이, 주걱,
칼 옆면 등으로 으깬다.

다지기

삶아서 다지는 방법과 다져서
삶는 두 가지 방법이 있다.
체로 건질 수 있는 경우에는
재료를 적당한 크기로 다져서
삶으면 익히는 시간이 절약된다.
아기마다 덩어리를 받아들이는
정도가 다르므로 개월 수에 따라
재료의 크기를 정하는 것보다
아이에게 맞춰서 크기를 정하는
것이 좋다.

즙 짜기

스퀴저를 이용하면 귤, 오렌지,
레몬 등 감귤류의 즙을 짤 때
편리하다.

찌기

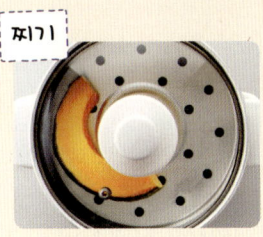

이유식은 되도록 직화로 굽지
말고 찌는 방법을 사용한다.

Tip

이유식 간식 계량법

1 계량스푼은 윗면을
평평하게 만든 후
계량하세요. 1큰술=15㎖,
1작은술=5㎖입니다.

2 집에 있는 밥숟가락을
사용할 경우 조금 위로
수북이 담으면 됩니다.

3 물 1컵의 분량은
200㎖입니다. 계량컵이
없는 경우 분유병을 활용하면
보다 쉽게 이유식 간식을
계량할 수 있습니다.

이유식 간식에 많이 쓰인 재료의 갈무리 & 냉동법

어른 입맛에도 금방 만든 음식이 맛있듯 아기도 금방 만든 이유식을 맛있어 합니다.
그렇지만 매번 갓 만든 이유식이나 간식을 주기란 쉽지 않죠. 그래서 미리 만들거나
재료를 손질해 냉동 보관해두면 아주 유용하게 활용할 수 있어요. 바쁠 때나 아기 보기가 유난히
힘든 날, 든든한 비상식량이 될 겁니다. 아기들이 먹는 양에 비해 우리가 사는 재료의 최소 단위는
훨씬 많죠. 재료가 신선할 때 잘 갈무리해 조금씩 나눠 냉동 보관하면 음식 낭비를 줄일 수 있어
가계 경제에도 보탬이 되죠. 냉동 보관 기간은 식품별로 다르지만 아기가 먹는 음식인 만큼 5~7일,
늦어도 10일 이내에는 먹이고, 그 기간이 지난 재료는 엄마 아빠 요리에 활용하세요.
냉장고에 넣어둔 음식이 유통기한이 다 되어가거나 시들시들해질 때 냉동하지 말고
신선할 때 미리 냉동하는 것이 좋습니다.

냉동 시 주의사항

밀폐 용기나 지퍼백, 이유식용 큐브, 얼음틀 등을 사용하는 경우 **꼭 뚜껑을 닫아 공기 접촉을 최소한으로** 해야
음식의 변질을 막을 수 있다. 소분하지 않고 한꺼번에 큰 덩어리로 얼리면 속까지 어는 데 시간이 오래 걸리기
때문에 음식이 변질될 수 있으며, 다음번 사용할 때 해동 후 재냉동하는 일이 생길 수 있어 재료의 신선도가
떨어지게 된다. 그러므로 한번에 사용할 용량씩 나눠 담아 냉동하고 재료명과 냉동 날짜를 적어 두도록 한다.
매시나 퓌레 등 완성한 이유식, 간식의 경우 한 끼 분량씩 밀폐 용기에 나눠 담아 냉동(10일 이내에 섭취)한다.

해동하기

1 실온에서 해동하는 방법은 음식이 상할 수 있으므로 피한다.
2 냉장실에서 천천히 해동하는 것은 시간이 오래 걸리니 전날 미리 냉장실로 꺼내두는 것이 좋다.
3 전자레인지로 해동하는 경우 영양소가 파괴될 우려가 있으므로 급할 때를 제외하고는 권장하지 않는다.
4 지퍼백에 냉동한 것은 지퍼백째 물에 담가 해동하는 방법도 있다.
5 완성 이유식이나 간식의 경우 중탕해서 해동해도 좋다.
6 냉동한 재료는 해동하지 않거나 살짝만 해동해 볶거나 끓이는 이유식 간식을 만들 때 바로 사용할 수 있다.

고기

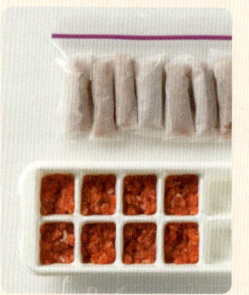

한 번 먹을 분량씩 나눠 열전도율이 높은 금속 트레이에 간격을 벌려
올린다. 뚜껑을 덮고 냉동실에 넣으면 급속 냉동이 된다.
냉동한 고기는 각각 비닐랩에 싸서 지퍼백에 담아 하나씩 꺼내 활용한다.
다진 고기의 경우 이유식용 큐브나 얼음틀에 나눠 담아 냉동한다.
이때도 반드시 뚜껑을 덮어야 한다.

단호박·감자·고구마

이유식에 가장 많이 쓰이는 재료인 만큼 한꺼번에 익혀 으깬 후 조금씩 나눠
큐브에 담아 얼리거나, 지퍼백에 넣어 평평하게 펼친 후 **한 번 먹을 분량만큼
칼등으로 칼집을 넣어 냉동해두면 한 조각씩 잘라 사용하기가 편리하다.**
감자를 고를 때는 껍질이 얇게 벗겨져 있는 포슬포슬한 분감자를 고르면 좋다.
껍질에 푸른 부분이 있거나 싹이 있는 건 오래된 것이니 절대 아기
이유식용으로 쓰면 안 된다. 고구마는 섬유질이 많은 것은 피한다.
단호박은 수입산이 많으니 겉에 상처가 없고 깨끗한 것을 골라야 한다.

채소

상처가 없는 싱싱한 것을 고른다. 재료에 따라 차이가 있으니 확인 후 냉동한다.

채소별 냉동법

1 **브로콜리·콜리플라워** 데쳐서 물기를 없애고
  금속 트레이에 올려 급속 냉동한 후 지퍼백에 옮겨 담아 보관하거나,
  데친 후 한 번 먹을 분량만큼 다져서 큐브에 담아 냉동한다.
2 **토마토** 꼭지를 도려낸 후 랩에 하나씩 싸서 지퍼백에 넣어 냉동한다.
3 **옥수수** 삶아서 통째 보관하거나 알만 따로 분리해 지퍼백에 넣어 냉동한다.
4 **그 외** 시금치, 비타민, 청경채 등의 잎채소는 손질해 삶거나 데친 후
  아기 개월수에 맞게 다져 조금씩 나누어 냉동한다. 이때 한 김 식혀
  냉동실에 넣을 것. 작은 큐브에 넣어 얼릴 경우 물이나 육수를 조금 넣어
  얼려야 큐브 형태가 유지된다.

과일

해동하면 물기가 많아지기 때문에 스무디나 주스 만들 때 사용하는 것이 좋다.
사과, 배 등 갈변되기 쉬운 과일은 냉동하지 않는다.

과일별 냉동법

1 **바나나** 껍질을 벗기고 양 끝을 제거한 후 랩에 하나씩 싸서
  지퍼백에 담아 냉동.
2 **멜론·살구·복숭아** 껍질과 씨를 제거하고 먹기 좋은 크기로 잘라
  금속 트레이에 올려 얼린 후 지퍼백에 옮겨 담아 냉동.
3 **딸기** 씻어서 꼭지를 도려낸 후 물기를 없애고 큰 것은 반으로 잘라
  금속 트레이에 올려 얼린 후 지퍼백에 옮겨 담아 냉동.
4 **귤** 껍질을 벗겨 알을 하나씩 분리하고 지퍼백에 담아 냉동.
5 **포도** 깨끗이 씻어 물기를 없앤 후 지퍼백에 담아 냉동.
6 **블루베리** 깨끗이 씻어 물기를 없앤 후 지퍼백에 담아 냉동.
7 **키위** 껍질을 제거하고 먹기 좋은 크기로 잘라 냉동.

마더스고양이가 답하다!
엄마들이 가장 궁금해하는 질문들

Q 아기가 아플 때는 이유식과 간식을 어떻게 해줘야 할까요?

아기가 아플 때는 이유식과 간식에 더 신경 써야 합니다. 기력을 회복하는 것은 물론 사라진 입맛을
살려줘야 하니까요. 특히 아픈 상황에 맞는 식재료를 사용해 이유식이나 간식을 만들어 먹여야 합니다.
또한 아플 때 덩어리 큰 음식은 잘 못 먹을 수 있으니 앞 단계에 먹인 이유식처럼 조금 더 부드럽게
만들어서 먹이면 좋습니다.

Q 아기가 또래보다 발육이 뛰어나 통통한 편인데 간식을 먹여야 할까요?

병원에서 먹는 것을 조절하라고 할 정도의 비만이 아니라면 간식이나 이유식을 정량으로 먹이는 것은
무방합니다. 발육이 뛰어나서 더 잘 크는 아이라면 더 많은 열량을 필요로 하므로 이유식과 간식을
더 많이 먹겠죠. 반대로 아기가 또래보다 체력이 약하거나 발육이 뒤처질 때는 기본적으로는 간식보다는
이유식과 모유와 분유를 많이 먹이려고 노력하는 것이 중요합니다. 그 안에서 간식도 꼬박꼬박
챙겨서 먹이는 정성도 필요하고요.

Q 아기가 이유식은 잘 먹는데, 이유식 간식은 잘 먹지 않는다면
굳이 간식을 챙길 필요가 있나요?

아기가 필요로 하지 않는다면 힘들게 챙겨 먹일 필요는 없지만, 지금 간식을 잘 안먹는다고 해서
앞으로도 그럴 거라고 생각하지는 마세요. 아기는 잘 먹다 안 먹다를 반복합니다.
뭐든지 꾸준히 시도하는 것이 중요합니다.

Q 아기가 간식을 편식할 때 어떻게 해야 하나요?

보통 그런 아기들은 이유식도 편식할 거예요. 처음 보는 식재료도 잘 먹는 아기가 있는가 하면
거부하는 아기도 있습니다. 거부할 경우 꾸준히 시도해보세요. 그 식재료에 익숙해지면 잘 먹게
된답니다. 즉, 엄마가 포기하지만 않으면 편식은 어느 정도 극복할 수 있어요.

Q 중기에 먹였던 간식을 후기나 완료기 때 먹이는 것도 괜찮을까요?

물론 괜찮습니다. 이전 단계의 간식은 얼마든지 먹여도 됩니다.
단, 이후 단계의 간식은 재료의 종류나 입자 크기가 맞지 않을 수 있으니 미리 주지 마세요.

Q 간식의 양은 적게 자주 먹이는 것이 좋나요? 아니면
일정 시간(예를 들어 이유식 후 1시간), 일정 양을 먹이는 것이 좋나요?

적게, 자주 먹이는 건 좋지 않습니다. 하루 종일 배불러 있는 상태보다는 일정 시간 공복을 만들어주고
이유식과 모유, 분유를 먹이는 것이 좋거든요. 간식은 이유식과 이유식 사이 시간에 주세요.

Q 아기가 변비일 때, 열이 나거나 감기에 걸렸을 때
어떤 이유식 간식을 먹이는 것이 좋을까요?

변비에는 사과, 건프룬(말린 자두), 고구마, 바나나 등이 좋으니 이 재료를 활용한 이유식 간식을
만들어주세요. 수분도 충분히 섭취해야 변비가 빨리 개선되니 신경 써주시고요. 열이 나거나 감기에
걸렸을 때는 비타민이 풍부한 과일, 감자, 대추, 파 등을 활용해 평소보다 먹기 쉽게 조금 더 묽게
간식을 만들어주세요. 잠도 충분히 재워 휴식할 수 있게 해주고, 잘 먹지 않아 탈수 증세가 올 수 있으니
이때도 수분을 넉넉히 섭취하게 해주세요. 가습기 등으로 습도 조절도 신경 써주시고요.

Q 이유식 간식 재료로 유기농을 고집하는 분들이 있는데요, 꼭 그래야 하나요?

유기농이 좋다는 것은 모두가 다 잘 알고 있지요. 그래서 아기에게 먹이는 음식은 특히 유기농을
선호하는 분들이 많습니다. 가족의 건강과 더 나아가 지구 환경까지 생각한다면 유기농 제품을
고집하는 것이 좋지만, 그것보다 먼저 우선되어야 하는 것은 재료의 신선함이에요.
같은 신선한 재료들 안에서 유기농을 살 것이냐 말 것이냐는 개인의 선택입니다.

Chapter 01

초기 이유식이 끝날 즈음
시작하는 간식

간식 횟수와 분량 1일 1회, 한 회에 40㎖(1/5컵, 200㎖ 계량컵 기준)

이유식 횟수와 분량 1일 1회, 한 끼에 30~80㎖(만 4~6개월)

1일 수유량 800~1,000㎖(만 4~6개월)

만 6개월 전후

초기 이유식은 주로 쌀로 만든 미음에 다양한 재료를 섞어 먹이는데요,
이 시기가 끝나갈 즈음부터 하루에 한 번 정도 간식을 주세요.
이때 간식은 재료를 푹 익혀 으깬 후 분유나 모유, 생수를 섞어
묽고 부드러운 농도의 퓌레가 되게 만들면 됩니다.
주로 2회 분량을 알려드리니 남은 건 냉장했다가 다음날까지 먹이세요.

감자퓌레

"퓌레puréé란 채소나 과일, 곡물 등을 갈아
걸쭉하게 만든 것을 말해요. 농도는 모유(혹은 분유)나 생수를
넣어 아기가 잘 먹을 만큼 묽게 조절하면 됩니다.
매시mash와 만드는 방법은 유사하나 매시가 더 되직해요.
감자퓌레는 물이 생기지 않아 외출용으로도 좋아요.
으깬 상태로 가지고 나가 따뜻한 물이나
모유(혹은 분유)를 섞어 바로 먹이세요."

🍽 **2회분**
🕐 **15~25분**

☐ 감자 80g(2/5개)
☐ 모유 1~2큰술
　(또는 분유, 생수,
　기호에 따라 가감)

1 감자는 껍질을 벗겨 사방 2cm 크기로 썰고, 냄비에 감자와 감자가 잠길 만큼의 물을 붓고 센 불에서 끓인다.

2 끓어오르면 5~7분간 삶은 후 건진다. ★젓가락으로 찔러 상태 확인

3 감자를 절구에 넣어 뜨거울 때 으깬다.

4 모유를 넣어 섞는다. ★아기가 먹고 있는 이유식의 농도로 만든다.

Tip

1　찰감자의 경우 삶아 으깨면 너무 차지게 돼서 퓌레를 만들 때 농도 조절이 힘들 수 있으니 포실포실한 분감자로 만드세요. 껍질이 얇게 살짝 벗겨져 있는 감자가 분감자입니다. 저는 분감자가 보이면 잔뜩 구매해 저장해둔답니다.
　감자나 고구마, 단호박 등 채소들은 뜨거울 때 잘 으깨지니 식기 전에 으깨세요.
2　냉동 보관하려면 모유(혹은 분유나 생수)를 넣지 않은 상태에서 냉동 보관했다가 먹기 전 해동해 모유(혹은 분유나 물)를 넣어 살짝 한 번 끓여 먹이세요.
3　초기 이유식 이후의 모든 퓌레는 모유(혹은 분유나 생수)를 넣어 아기가 먹고 있는 이유식의 농도로 만들어주세요.

감자 양배추퓌레

🥣 2회분   🕐 15~25분

감자 70g(2/5개),
양배추 10g(잎 부분, 6×5cm 2장),
모유 1~2큰술(또는 분유, 생수, 기호에 따라 가감)

1 감자는 껍질을 벗겨 사방 2cm 크기로 썬다.
　　냄비에 감자와 감자가 잠길 만큼의 물을 붓고
　　센 불에서 끓인다.

2 끓어오르면 2분 후 양배추를 넣고
　　3~5분간 더 삶아 건진다.

3 양배추는 곱게 다진다.
　　양배추를 절구에 넣어 으깨다가
　　감자를 넣어 한 번 더
　　으깬 후 모유를 넣어
　　섞는다.

감자 시금치퓌레

🥣 2회분   🕐 20~30분

감자 70g(2/5개), 시금치(잎 부분) 10g,
모유 1~2큰술(또는 분유, 생수, 기호에 따라 가감)

1 감자는 껍질을 벗겨 사방 2cm 크기로 썬다.
　　냄비에 감자와 감자가 잠길 만큼의 물을 붓고
　　센 불에서 끓인다.

2 끓어오르면 5~7분간 삶은 후 건진다.
　　물은 그대로 둔다.

3 ②의 냄비에 시금치를 넣고 1분간 데쳐
　　건진 후 곱게 다진다.

4 시금치를 절구에 넣어 으깨다가
　　감자를 넣어 한 번 더
　　으깬 후 모유를 넣어
　　섞는다.

Tip

1 감자퓨레에 다양한 재료를 첨가해 나만의 퓌레를 만들어주세요. 고기를 넣거나 몇가지 재료를 섞어 더해도 된답니다. 단, 개월수에 맞는 재료만 섞어주세요.

2 레시피대로 감자를 삶되 건지기 전에 젓가락으로 찔러 부드럽게 들어가는지 꼭 확인하세요. **감자가 푹 익어야 부드러워 아기가 잘 먹는답니다.**

✳ 감자 브로콜리퓌레

🥣 2회분 🕐 15~25분

감자 70g(2/5개), 브로콜리 10g(꽃 부분, 사방 약 4cm), 모유 1~2큰술(또는 분유, 생수, 기호에 따라 가감)

1 감자는 껍질을 벗겨 사방 2cm 크기로 썬다. 냄비에 감자와 감자가 잠길 만큼의 물을 붓고 센 불에서 끓인다.

2 끓어오르면 2분 후 브로콜리를 넣고 5분간 더 삶아 건진다.

3 브로콜리를 절구에 넣어 으깨다가 감자를 넣어 한 번 더 으깬후 모유를 넣어 섞는다.

✳ 감자 당근퓌레

🥣 2회분 🕐 15~25분

감자 60g(1/3개), 당근 20g(지름 4cm, 두께 1cm), 모유 1~2큰술(또는 분유, 생수, 기호에 따라 가감)

1 감자와 당근은 껍질을 벗긴다. 감자는 사방 2cm 크기로 썬다. 냄비에 감자와 당근, 그리고 잠길 만큼의 물을 붓고 센 불에서 끓인다.

2 끓어오르면 5~7분간 삶아 건진다.

3 감자와 당근을 절구에 넣어 으깬 후 모유를 넣어 섞는다.

고구마퓌레

고구마 애호박퓌레

"고구마는 변비에 좋은 재료예요.
하지만 실 같은 섬유질이 많은 고구마도 있어요.
그런 고구마는 이유식 재료로 적합하지 않은데요,
부득이하게 사용해야 하는 경우에는
삶은 후 섬유질을 걷어내고
남은 건 칼로 다져 으깨세요."

✽ 고구마퓌레

🍲 2회분 🕐 15~25분

□ 고구마 80g(2/5개)
□ 모유 1~2큰술
   (또는 분유, 생수,
   기호에 따라 가감)

1 고구마는 껍질을 벗겨
사방 2cm 크기로 썬다.
냄비에 고구마와 고구마가
잠길 만큼의 물을 붓고
센 불에서 끓인다.

2 끓어오르면 5~7분간 삶아
건진다. ✽젓가락으로 찔러
상태 확인

3 고구마를 절구에 넣어
으깬 후 모유를 넣어 섞는다.

✽ 고구마 애호박퓌레

🍲 2회분 🕐 15~25분

□ 고구마 60g(1/3개)
□ 애호박 20g
   (지름 4cm, 두께 2cm)
□ 모유 1~2큰술
   (또는 분유, 생수,
   기호에 따라 가감)

1 애호박은 껍질을 벗기고
열십(+)자로 4등분한다.
고구마는 껍질을 벗겨
사방 2cm 크기로 썬다.

2 냄비에 고구마와 고구마가
잠길 만큼의 물을 붓고
센 불에서 끓인다. 끓어오르면
2분 후 애호박을 넣어 3~5분간
더 삶아 건진다. ✽젓가락으로
찔러 상태 확인

3 고구마와 애호박을 절구에 넣어
으깬 후 모유를 넣어 섞는다.

Tip

중기 이유식 이후에는 애호박의
껍질까지 사용해도 됩니다.

고구마 완두콩퓌레

🥣 **2회분** 🕐 **15~25분**

고구마 40g(1/5개), 완두콩 40g(4큰술),
모유 1~2큰술(또는 분유, 생수, 기호에 따라 가감)

1 고구마는 손질해 삶는다(27쪽 고구마퓌레 참고). 물은 그대로 둔다.

2 ①의 냄비에 완두콩을 넣고 1분간 삶은 후 체로 건져
흐르는 물에 씻은 다음 식혀서 껍질을 벗긴다.

3 완두콩을 절구에 넣어 으깨다가 고구마를 넣고 한 번 더 으깬후
모유를 넣어 섞는다.

Tip

완두콩이 제철이 아닐 때는 가공품을 이렇게 고르세요
제철(4~6월) 완두콩을 사용하는 것이 가장 좋지만 평소에는 구하기 힘들므로
유리병에 든 유기농 완두콩이나 삶아서 냉동한 완두콩을 사용하세요. 유리병에 든 완두콩은
물기를 없앤 후 지퍼팩에 담아 냉동 보관 가능하며(3개월), 끓는 물에 데쳐 사용하면 됩니다.
생완두콩의 경우 중간 불에서 15~20분간 끓인 뒤 체로 건져 사용하세요.
손으로 부드럽게 으깨지면 잘 익은 거예요. 껍질은 아기의 목에 걸릴 수 있으니 꼭 제거하세요.

🧡 고구마 사과퓌레

🥣 2회분 🕐 15~25분

고구마 80g(2/5개), 사과 20g(1/10개),
모유 1~2작은술(또는 분유, 생수, 기호에 따라 가감)

1 고구마와 사과는 껍질을 벗기고,
   고구마는 사방 2cm 크기로 썬다.
   냄비에 고구마와 사과, 그리고
   잠길 만큼의 물을 붓고 센 불에서 끓인다.
2 끓어오르면 5~7분간 삶아 건진다.
   ★젓가락으로 찔러 상태 확인
3 사과는 한 김 식혀 강판에서
   으깨듯 덩어리 없게 간다.
4 고구마를 절구에 넣어
   으깨다가 사과와 모유를
   넣어 섞는다.

🧡 고구마 비타민퓌레

🥣 2회분 🕐 15~25분

고구마 80g(2/5개), 비타민(잎 부분) 10g,
모유 1~2큰술(또는 분유, 생수, 기호에 따라 가감)

1 고구마는 손질해 삶는다(27쪽 고구마퓌레
   참고). 물은 그대로 둔다.
2 ①의 냄비에 비타민을 넣고 센 불에서
   1분간 데친 후 건져 곱게 다진다.
3 비타민을 절구에 넣어 으깨다가
   고구마를 넣고 한 번 더 으깬 후
   모유를 넣어 섞는다.

"단호박은 달콤한 맛이 나서 아기들이 특히 좋아하는 이유식 재료예요.
미네랄과 비타민이 풍부해 면역력을 강화하고
성장 발육에도 좋으며 감기 예방 효과도 있지요.
운동과 다이어트할 때도 좋은 건강식이니 엄마 아빠도 같이 드세요!"

단호박 고구마퓌레

단호박퓌레

✱ 단호박퓌레

🥣 2회분 ⏱ 15~25분

☐ 단호박 80g
　(손질 전 100g, 1/10개)
☐ 모유 2~3작은술(또는 분유,
　생수, 기호에 따라 가감)

Tip

냉동 보관, 해동하려면?
모유(혹은 분유나 생수)를
넣지 않은 상태에서 냉동
보관했다가 먹기 전 해동해
모유(혹은 분유, 물)를 넣어
살짝 한 번 끓여 먹이세요.

1 단호박은 씨 부분을
숟가락으로 긁어낸다.

2 칼을 위에서 아래로 내려가며
껍질을 벗겨 사방 2cm 크기로
썬다. ✱단호박을 통째로
전자레인지(700W)에 1분간
돌리면 보다 쉽게 썰 수 있다.

3 냄비에 단호박과 단호박이
잠길 만큼의 물을 붓고
센 불에서 끓인다. 끓어오르면
5~7분간 삶아 건진다.
✱젓가락으로 찔러 상태 확인

4 단호박을 절구에 넣어
으깬 후 모유를 넣어 섞는다.

✱ 단호박 고구마퓌레

🥣 2회분 ⏱ 15~25분

☐ 단호박 40g
　(손질 전 50g, 1/20개)
☐ 고구마 40g(1/5개)
☐ 모유 1/2~1큰술(또는 분유,
　생수, 기호에 따라 가감)

1 단호박을 손질하고, 고구마는
껍질을 벗겨 사방 2cm 크기로
썬다. 냄비에 단호박과 고구마,
그리고 잠길 만큼의 물을 붓고
센 불에서 끓인다. 끓어오르면
5~7분간 삶아 건진다.

2 단호박과 고구마를 절구에
넣어 으깬 후 모유를 넣어
섞는다.

단호박 콜리플라워퓌레

단호박 청경채퓌레

"채소를 으깰 때는
이유식용 절구나 포크, 칼 옆면,
매셔^{masher} 등을 사용하면 되는데요,
재료의 분량과 무른 정도에 따라
도구를 선택하세요.
저는 소량의 감자나 고구마, 단호박 등은
주로 포크를 사용해 간편하게 으깼어요."

단호박 오이퓌레

단호박 청경채퓌레

🍚 2회분 ⏱ 20~30분

단호박 80g(손질 전 100g, 1/8개), 청경채(잎 부분) 10g, 모유 1~2작은술(또는 분유, 생수, 기호에 따라 가감)

1 단호박은 손질해 사방 2cm 크기로 썬다(31쪽 단호박퓌레 참고).
2 냄비에 단호박과 단호박이 잠길 만큼의 물을 붓고 센 불에서 끓인다. 끓어오르면
　5~7분간 더 삶아 건진다. 물은 그대로 둔다. ★ 젓가락으로 찔러 상태 확인
3 ②의 냄비에 청경채를 넣고 센 불에서 1분간 데친 후 건져 곱게 다진다.
4 청경채를 절구에 넣어 으깨다가 단호박을 넣고 한 번 더 으깬 후
　모유를 넣어 섞는다.

단호박 콜리플라워퓌레

🍚 2회분 ⏱ 15~25분

단호박 60g(손질 전 80g, 1/10개), 콜리플라워 20g(꽃 부분, 3×3cm 2개),
모유 1~2작은술(또는 분유, 생수, 기호에 따라 가감)

1 단호박은 손질한다(31쪽 단호박퓌레 참고).
2 냄비에 단호박과 콜리플라워, 그리고 잠길 만큼의 물을 붓고 센 불에서 끓인다.
　끓어오르면 5~7분간 더 삶아 건진다. ★ 젓가락으로 찔러 상태 확인
3 콜리플라워를 절구에 넣어 으깨다가 단호박을 넣고 한 번 더 으깬 후
　모유를 넣어 섞는다.

단호박 오이퓌레

🍚 2회분 ⏱ 15~25분

단호박 60g(손질 전 80g, 1/10개), 오이 20g(손질 전 30g, 1/6개),
모유 1~2작은술(또는 분유, 생수, 기호에 따라 가감)

1 오이는 껍질을 벗겨 길이로 2등분한 후 씨를 제거한다.
2 단호박은 손질해 삶는다(31쪽 단호박퓌레 참고). 물은 그대로 둔다.
3 ②의 끓는 물에 오이를 넣고 센 불에서 끓인다. 끓어오르면
　3분간 더 익혀 건진다. ★ 젓가락으로 찔러 상태 확인
4 오이는 강판에 으깨듯 간다. 단호박을 절구에 넣고 으깨다가
　오이와 모유를 넣어 섞는다.

"과일은 가장 손쉽게 먹일 수 있는 간식 재료예요.
하지만 과일의 단맛에 익숙해지면 과일만 먹으려 할 수 있으니
과일은 주식이 아니라 간식으로 주세요."

✳ 사과퓌레

🥣 2회분   🕐 15~25분

☐ 사과 80g
　(손질 전 100g, 1/2개)
☐ 모유 1~2작은술
　(또는 분유, 생수, 생략 가능)

1 냄비에 물(600㎖)을 끓인다.
사과는 껍질과 씨를 제거한 후
사방 2cm 크기로 썬다.

2 ①의 끓는 물에 사과를 넣고
센 불에서 5~7분간 익힌 후
건진다.

3 사과를 한 김 식혀 강판에
으깨듯 덩어리 없게 간다.
볼에 사과와 모유를 넣어
섞는다.

✳ 배퓌레

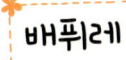

🥣 2회분   🕐 15~25분

☐ 배 80g
　(손질 전 100g, 1/5개)
☐ 모유 1~2작은술
　(또는 분유, 생수, 생략 가능)

1 냄비에 물(600㎖)을 끓인다.
배는 껍질과 씨를 제거한 후
사방 2cm 크기로 썬다.

2 ①의 끓는 물에 배를 넣고
센 불에서 5~7분간 익힌 후
건진다. ★배가 투명해지면
잘 익은 것이다.

3 배를 강판에 으깨듯
덩어리 없게 간다. 볼에 배와
모유를 넣어 섞는다.

✳ 사과 당근퓌레

🥣 2회분 ⏱ 15~25분

사과 80g(손질 전 100g, 1/2개),
당근 20g(지름 4cm, 두께 1cm), 모유
1~2작은술(또는 분유, 생수, 기호에 따라 가감)

1 냄비에 당근과 물(600㎖)을 붓고
센 불에서 끓인다. 사과는 껍질과
씨를 제거하고 2~3등분한다.

2 ①의 끓는 물에 사과를 넣고
센 불에서 5~7분간 익힌 후 건진다.
✱젓가락으로 찔러 상태 확인

3 사과와 당근은 강판에 으깨듯
덩어리 없게 간다.
볼에 사과와 당근,
모유를 넣어 섞는다.

✳ 사과 배퓌레

🥣 2회분 ⏱ 15~25분

사과 40g(손질 전 60g, 1/3개),
배 40g(손질 전 60g, 1/8개),
모유 1~2작은술(또는 분유, 생수, 생략 가능)

1 냄비에 물(600㎖)을 끓인다.
사과와 배는 껍질과 씨를 제거한다.

2 ①의 끓는 물에 사과와 배를 넣고
센 불에서 5~7분간 익힌 후 건진다.
✱배가 투명해지면 잘 익은 것이다.

3 사과와 배는 강판에
으깨듯 덩어리 없게
간다. 볼에 사과와
배, 모유를 넣어 섞는다.

✱ 사과즙

🥣 약 120㎖(2~3회분) 🕐 10~20분

사과 130g(손질 전 150g, 3/4개),
생수 2큰술

1 사과는 껍질과 씨를 제거하고 강판에 간다.
2 냄비를 밑에 두고 젖은 면포를 깐 체를 올린다.
  ①과 생수를 넣고 면포를 짠다.
  ✱ 젖은 면포에 넣고 짜야
    즙이 면포에 많이
    스며들지 않는다.
3 냄비의 사과즙을
  센 불에서
  1분 30초간
  저어가며 끓인다.
  ✱ 끓이는 과정은
    생략해도 된다.

✱ 배즙

🥣 약 130㎖(2~3회분) 🕐 10~20분

배 150g(손질 전 170g, 1/3개),
생수 1과 1/2큰술

1 배는 껍질과 씨를 제거하고 강판에 간다.
2 냄비를 밑에 두고 젖은 면포를 깐 체를 올린다.
  ①과 생수를 넣고 면포를 짠다.
3 냄비의 배즙을 센 불에서 1분 30초간 저어가며
  끓인다. ✱ 끓이는 과정은 생략해도 된다.

Chapter 02

본격적으로 이유식을
먹기 시작하는
이유식 중기의 간식

간식 횟수와 분량 1일 1회, 한 회에 70㎖(약 1/3컵, 200㎖ 계량컵 기준)

이유식 횟수와 분량 1일 2회, 한 끼에 60~120㎖

1일 수유량 700~800㎖

만 6~8개월

이유식 중기부터는 조금씩 덩어리진 음식을 먹는 연습을 시키도록 하세요.
이가 나지 않았어도 잘게 자르거나 으깨주면 잇몸으로 씹어 먹을 수 있답니다.
그래서 덩어리가 살짝 있는 매시, 푸딩, 전분 젤리, 수프 등의 간식이 좋아요.
또한 컵 사용법도 알려주기 시작하는 시기라 다양한 음료를 만들어주면 좋지요.

"바나나와 고구마는
모두 변비에 좋은 이유식 재료예요.
바나나는 껍질에 검은 반점이 생긴
잘 익은 것을 사용하세요."

✱ 고구마매시

🥣 2회분 🕐 25~35분

☐ 고구마 140g(3/4개)

1 김이 오른 찜기에 고구마를 넣어 뚜껑을 덮고 중간 불에서 20분간 찐다. ✱젓가락으로 찔러 상태 확인

2 한 김 식혀 껍질을 벗긴다. 절구에 넣어 으깬다.

✱ 바나나매시

🥣 1회분 🕐 5~15분

☐ 바나나 70g(2/3개)

1 바나나는 껍질을 벗겨 끝을 잘라낸다.

2 칼 옆면으로 덩어리가 없어질 때까지 으깬 후 그릇에 담는다.

Tip

위 두 가지 매시를 만들 때 신경 써야 할 포인트를 알려드려요
고구마는 찌지 않고 끓는 물에 삶아서 익혀도 됩니다. 바나나는 껍질을 제거하면 갈변되니
먹기 직전에 으깨서 바로 먹이세요. 매시류는 외출용 이유식이나 간식으로도 좋은데요,
바나나를 외출용으로 먹일 경우 껍질을 벗기지 않은 채 가지고 나가 아기용 그릇과 숟가락을 이용해
조금씩 으깨서 바로 먹이면 됩니다. 바나나 케이스를 구입해서 하나씩 넣어 다니면 편해요.

바나나 사과매시

🍚 1회분 🕐 10~20분

바나나 50g(1/2개),
사과 20g(손질 전 30g, 사방 2cm)

1 바나나는 껍질을 벗기고 끝을 잘라낸 후
   칼 옆면으로 덩어리가 없어질 때까지 으깬다.
2 사과는 껍질과 씨를 제거하고 강판에 간다.
   볼에 바나나와 사과를 넣어 섞는다.

바나나 아보카도매시

🍚 1회분 🕐 10~20분

바나나 40g(2/5개),
아보카도 30g(손질 전 50g, 1/4개)

1 아보카도는 가운데 씨가 있는 부분까지
   깊게 칼날을 넣고 한 바퀴 돌려 칼집을 낸 뒤
   양쪽을 잡고 반대 방향으로 비틀어 벌린다.
   칼날 뒷부분으로 씨를 콕 찍어 비틀어 뺀 다음
   손이나 숟가락으로 껍질을 벗긴다.
2 바나나는 껍질을 벗기고
   끝을 잘라낸다.
3 바나나와 아보카도를
   칼 옆면으로 덩어리가
   없어질 때까지 으깬 후
   볼에 넣어 섞는다.

🌸 바나나 블루베리 매시

🥣 1회분 🕐 **10~20분**

바나나 50g(1/2개),
블루베리 20g(10~15개)

1 블루베리는 체에 받쳐 흐르는 물에
  씻은 후 곱게 다진다.
2 바나나는 껍질을 벗기고
  끝을 잘라낸 후 칼 옆면으로
  덩어리가 없어질 때까지
  으깬다.
3 볼에 바나나와
  블루베리를 넣어 섞는다.

Tip

1 바나나와 아보카도는 껍질을
  벗기면 갈변되니 먹기 직전에
  으깨서 바로 먹이세요.
2 **냉동 블루베리를 사용할 경우,
  자연 해동한 후 생수 1큰술을
  넣어 믹서에 가세요.** 냄비에
  으깬 바나나, 블루베리를 넣고
  센 불에서 1분간 끓인 후 식혀
  먹이면 됩니다. 끓이는 과정은
  생략해도 좋지만 **아기가
  어릴수록 냉동했던 식재료는
  한 번 끓여 먹이는 것이
  더 안전합니다.**

Tip

**재료와 재료를 섞을 때는
아기가 먹어본 재료를
최소 한 가지는 섞어 만드세요.**
그래야 만약 알레르기를
일으켰을 때 어떤 재료에
반응을 보인 건지 알 수 있거든요.
하지만 지금 알레르기 반응을
보인 식재료가 앞으로도 계속
알레르기 반응을 보인다고는
할 수 없습니다. 개월수가
조금 지난 후 다시 먹이면
괜찮은 경우가 대부분이니
너무 걱정하지 마세요.

고구마 브로콜리매시

🥣 2회분 ⏱ 25~35분

고구마 120g(3/5개), 브로콜리 20g(꽃 부분, 3×3cm 2개)

1 김이 오른 찜기에 고구마를 넣어 뚜껑을 덮고 중간 불에서
  20분간 찐다. ★젓가락으로 찔러 상태 확인
2 끓는 물(400㎖)에 브로콜리를 넣고 센 불에서 끓인다.
  끓어오르면 5분간 삶아 건진 후 사방 0.3cm 크기로 다진다.
  ★젓가락으로 찔러 상태 확인
3 고구마는 한 김 식혀 껍질을 벗기고
  절구에 넣어 으깬 후 브로콜리와
  으깨듯이 섞는다.

고구마 애호박매시

🥣 **2회분** 🕐 **25~35분**

고구마 120g(3/5개), 애호박 20g(지름 4cm, 길이 2cm)

1 애호박은 열십(+)자로 썬다. ·······
김이 오른 찜기에 고구마를 넣어 뚜껑을 덮고 중간 불에서
20분간 찐다. ★젓가락으로 찔러 상태 확인

2 끓는 물(400㎖)에 애호박을 넣어 센 불에서 끓인다.
끓어오르면 씨 부분이 투명해질 때까지 5분간 삶아 건진다.
절구에 넣어 으깬다. ·······

3 고구마는 한 김 식혀 껍질을 벗기고 ②의 절구에 넣어
으깬 후 애호박과 으깨듯이 섞는다.

고구마 청경채매시

🥣 2회분 ⏱ 25~35분

고구마 140g(3/4개),
청경채(잎 부분, 또는 비타민잎, 시금치잎) 20g

1 김이 오른 찜기에 고구마를 넣어 뚜껑을 덮고 중간
  불에서 20분간 찐다. *젓가락으로 찔러 상태 확인
2 끓는 물(400㎖)에 청경채를 넣고 센 불에서 1분간
  데친 후 건진다. 곱게 다져 절구에 넣고 으깬다.
3 고구마는 한 김 식혀 껍질을 벗기고
  ②의 절구에 넣어 으깬 후
  청경채와 으깨듯이 섞는다.

고구마 푸룬매시

🥣 2회분 ⏱ 25~35분

고구마 120g(3/5개),
씨 없는 건푸룬 4개(40g)

1 김이 오른 찜기에 고구마를 넣어
  뚜껑을 덮고 중간 불에서 20분간 찐다.
  *젓가락으로 찔러 상태 확인
2 끓는 물(400㎖)에 건푸룬을 넣고
  센 불에서 2분간 데친 후 건진다.
3 건푸룬은 곱게 다진 후 숟가락 뒷부분으로
  으깬다.
4 고구마는 한 김 식혀 껍질을 벗기고
  절구에 넣어 으깬 후
  건푸룬과 으깨듯이
  섞는다.

✻ 고구마 옥수수매시

🥣 2회분 🕐 25~35분

고구마 100g(1/2개), 옥수수 4큰술(40g)

1 김이 오른 찜기에 고구마를 넣어
   뚜껑을 덮고 중간 불에서 20분간 찐다.
   ＊젓가락으로 찔러 상태 확인
2 끓는 물(400㎖)에 옥수수를 넣고
   센 불에서 1분간 삶아 체로 건진다.
   곱게 다져 절구에 넣어 으깬다.
   ＊체에 내려도 좋다.
3 고구마는 한 김 식혀
   껍질을 벗기고 ②의
   절구에 넣어 으깬 후
   옥수수와 으깨듯이
   섞는다.

✻ 고구마 양배추매시

🥣 2회분 🕐 25~35분

고구마 100g(1/2개),
양배추 40g(잎 부분, 6×5cm 8장)

1 김이 오른 찜기에 고구마를 넣어
   뚜껑을 덮고 중간 불에서 20분간 찐다.
   ＊젓가락으로 찔러 상태 확인
2 끓는 물(400㎖)에 양배추를 넣고 센 불에서
   5분간 삶아 건진 후 곱게 다진다.
3 고구마는 한 김 식혀 껍질을
   벗기고 절구에 넣어
   으깬 후 양배추와
   으깨듯이 섞는다.

Tip

옥수수가 제철이 아닐 때는 가공품을 이렇게 고르세요
제철 옥수수(7~8월)를 사용하는 것이 가장 좋지만
찰옥수수는 딱딱하고 쫀득해서 아기가 먹기엔
어려울 수 있어요. 유리병에 든 유기농 옥수수나
삶아서 냉동시킨 옥수수를 구입할 경우에는 첨가물과
당이 들어 있지 않은 유기농 옥수수로 고르세요.
알레르기가 있다면 옥수수는 돌 이후에 먹이세요.

단호박매시

"단호박의 껍질에는 칼슘이 들어 있어 껍질까지 먹는 것이 좋다고 하지만
대부분의 단호박이 수입산이고, 유기농은 잘 찾아보기 힘들어요.
어린 아기에게는 부드러운 속만 먹이세요."

🥣 **2회분**
🕐 **25~35분**

☐ 단호박 140g
　(손질 전 160g, 1/5개)

1 단호박은 씨 부분을
　숟가락으로 긁어낸다.

2 김이 오른 찜기에 단호박을
　옆으로 눕혀 넣어 뚜껑을 덮고
　중간 불에서 20분간 찐다.
　*젓가락으로 찔러 부드럽게
　들어가면 잘 익은 것이다.

3 단호박은 속을 파낸다.

4 절구에 넣어 으깬다.

Tip

좋은 단호박 고르는 법과 손쉽게 손질하는 방법을 알려드립니다
단호박은 껍질 색이 진하고 묵직하며 두드렸을 때 단단한 것을 고르세요.
시중에는 수입 단호박이 많으니, 꼭지 부분에 곰팡이가 피지 않았는지도 확인하세요. 베이킹소다를 이용해서
구석구석 깨끗하게 씻으면 좋습니다. 아기를 낳은 후에는 관절이 약해져 딱딱한 단호박을 손질하기가
쉽지 않을 거예요. 그런 경우 단호박에 랩이나 비닐을 씌워 전자레인지(700W)에 1분 정도만 살짝 익혀
껍질을 벗기거나 자르면 쉽게 손질할 수 있어요. 손질된 단호박을 구입해서 만들어도 됩니다.

"이유식 간식은 만들기 간단하고 아기가 부담 없이 먹을 수 있어야 해요.
그러면서도 덩어리 먹는 연습은 꾸준히 시켜야 하니
단호박매시에 다양한 부재료들을 곱게 다져 섞어주세요."

✻ 단호박 사과매시

🥣 2회분   🕐 25~35분

☐ 단호박 100g
　(손질 전 120g, 1/7개)
☐ 사과 40g
　(손질 전 50g, 1/4개)

1 단호박은 숟가락으로 씨를
제거한 후 김이 오른 찜기에
옆으로 눕혀 넣어 뚜껑을 덮고
중간 불에서 20분간 찐다.
＊젓가락으로 찔러 상태 확인

2 사과는 껍질과 씨를 제거하고
사방 0.3cm 크기로 다진다.

3 단호박은 속을 파내고
절구에 넣어 으깬 후
사과와 섞는다.

✻ 단호박 당근매시

🥣 2회분   🕐 25~35분

☐ 단호박 100g
　(손질 전 120g, 1/7개)
☐ 당근 20g
　(지름 4cm, 두께 1cm)

1 단호박은 손질하고, 당근은
껍질을 벗긴다. 김이 오른
찜기에 단호박과 당근을 넣어
뚜껑을 덮고 중간 불에서
20분간 찐다. ＊젓가락으로
찔러 상태 확인

2 한 김 식힌 후 당근은
사방 0.3cm 크기로 다진다.

3 단호박은 속을 파내고
절구에 넣어 으깬 후
당근과 으깨듯이 섞는다.

"단호박에 부드러운 맛과 고소한 맛을
더할 수 있는 두 가지 재료예요.
검은콩은 조리하기에 손이 많이 가는 편이지만 미리 넉넉하게 불린 후
그냥 냉동 보관하거나 삶아 냉동 보관하면 손쉽게 자주 활용할 수 있을 거예요."

단호박 콜리플라워매시

🍽 2회분 ⏱ 25~35분

☐ 단호박 150g
　 (손질 전 170g, 1/5개)
☐ 콜리플라워 20g(꽃 부분,
　 또는 브로콜리, 3×3cm 2개)

1 단호박은 숟가락으로 씨를 제거한다. 김이 오른 찜기에 단호박을 옆으로 눕혀 넣어 뚜껑을 덮고 중간 불에서 20분간 찐다. ＊젓가락으로 찔러 상태 확인

2 끓는 물(400㎖)에 콜리플라워를 넣어 센 불에서 끓인다. 끓어오르면 5분간 삶은 후 건져 한 김 식힌다. 사방 0.3cm 크기로 다진다.

3 단호박은 속을 파내고 벗겨 절구에 넣어 으깬 후 콜리플라워와 으깨듯이 섞는다.

단호박 검은콩매시

🍽 2회분 ⏱ 40~50분

☐ 단호박 100g
　 (손질 전 120g, 1/7개)
☐ 불린 검은콩 2큰술(20g,
　 불리기 전 1큰술, 10g)

1 검은콩은 물에 담가 5시간 이상 불린다. 끓는 물(600㎖)에 넣어 끓어오르면 중간 불에서 뚜껑을 덮어 30~40분간 익힌다. ＊손으로 눌러 부드럽게 으깨지면 잘 익은 것.

2 검은콩을 체로 건져 껍질을 벗기고 절구에 검은콩을 넣어 으깬다. 단호박은 숟가락으로 씨를 제거한다.

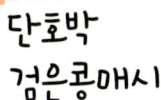
Tip

콩을 불릴 시간이 없다면?
내열용기에 콩과 콩이 잠길 만큼의 물을 붓고 전자레인지(700W)에서 6분간 돌린 후 삶으세요.

3 김이 오른 찜기에 단호박을 옆으로 눕혀 넣어 뚜껑을 덮고 중간 불에서 20분간 찐다. 속을 파내고 절구에 넣어 으깬 후 검은콩과 으깨듯이 섞는다. ＊젓가락으로 찔러 상태 확인

"푸룬과 대추는 여러 가지 효능이 있는 이유식 재료인데요,
특히 장에 좋다고 알려져 있죠.
아기가 이유식을 시작하면 변비에 걸리기도 하는데,
그럴 때 이 간식을 활용하세요. 수분 섭취도 많이 하게 해주시고요."

*단호박 푸룬매시

🍲 2회분 ⏱ 25~35분

□ 단호박 120g
  (손질 전 140g, 1/6개)
□ 씨 없는 건푸룬 4개(40g)

Tip

건푸룬을 구입할 때는?
되도록 유기농 제품으로
구입하고, 식품첨가물이나
당이 들어가 있지 않은지
확인한 후 푸룬 100% 제품으로
구입하세요. 푸룬 대신
건포도를 사용해도 됩니다.

1 단호박은 숟가락으로 씨를
  제거한다. 김이 오른 찜기에
  단호박을 옆으로 눕혀 넣어
  뚜껑을 덮고 중간 불에서
  20분간 찐다. *젓가락으로
  찔러 상태 확인

2 끓는 물(400㎖)에 건푸룬을
  넣고 센 불에서 2분간 삶아
  체에 밭쳐 건진다. 곱게 다져
  숟가락 뒷부분으로 눌러
  으깬다.

3 단호박은 속을 파내고
  절구에 넣어 으깬 후
  건푸룬과 섞는다.

*단호박 대추매시

🍲 2회분 ⏱ 25~35분

□ 단호박 120g
  (손질 전 140g, 1/6개)
□ 말린 대추 20g(6~7개)

Tip

대추는 베이킹소다, 식초,
칫솔 등으로 꼼꼼하게
씻은 후 조리하세요. 돌려 깎기
한 후 끓여서 체에 내리면
더 쉽게 과육을 분리할 수
있어요. 대추 껍질은 아기가
먹다가 목에 걸릴 수 있으니
체에 내려 과육만 사용하세요.

1 단호박은 숟가락으로 씨를
  제거한다. 김이 오른 찜기에
  단호박을 옆으로 눕혀 넣어
  뚜껑을 덮고 중간 불에서
  20분간 찐다. *젓가락으로
  찔러 상태 확인

2 대추는 씻은 후 돌려 깎아 씨를
  제거한다. 끓는 물(400㎖)에
  넣어 센 불에서 5분간 대추가
  물러질 때까지 끓인 후 건진다.

3 대추는 숟가락 뒷부분으로
  눌러 과육을 체에 내린다.
  단호박은 속을 파내고 절구에
  넣어 으깬 후 대추와 섞는다.

✳ 감자 단호박매시

🍽 2회분   🕐 25~35분

감자 70g(2/5개),
단호박 70g(손질 전 90g, 1/10개)

1 단호박은 숟가락으로 씨를 제거한다.
2 김이 오른 찜기에 감자를 넣고 단호박은
　옆으로 눕혀 넣는다. 뚜껑을 덮고 중간 불에서
　20분간 찐다. ✱젓가락으로 찔러 상태 확인
3 감자는 한 김 식혀
　껍질을 벗긴 후
　절구에 넣어 으깬다.
　속을 파낸 단호박을 넣어
　으깨듯이 섞는다.

✳ 감자 건포도매시

🍽 2회분   🕐 25~35분

감자 140g(3/4개), 건포도 1큰술(10g)

1 김이 오른 찜기에 감자를 넣어
　뚜껑을 덮고 중간 불에서 20분간 찐다.
　✱젓가락으로 찔러 상태 확인
2 끓는 물(400㎖)에 건포도를 넣고
　중간 불에서 1분간 데친 후 체로 건진다.
　사방 0.3cm 크기로
　다진다.
3 감자는 한 김 식혀
　껍질을 벗긴 후
　절구에 넣어 으깬다.
　건포도를 넣어
　으깨듯이 섞는다.

Tip

1 감자는 찌지 않고 삶아도 좋아요. 껍질을 벗겨 사방 2cm 크기로
   썬 다음 냄비에 감자와 감자가 잠길 만큼의 물을 붓고 센 불에서 끓인 후
   물이 끓어오르면 5~7분간 삶으세요.
2 감자매시에 넣는 다른 재료들은 절구에 으깨거나,
   아기가 거부감 없이 먹을 수 있다면 곱게 다져서 섞어 먹여도 돼요.

감자 당근매시

🥣 2회분 🕐 25~35분

감자 100g(1/2개),
당근 40g(지름 4cm, 두께 2cm)

1 당근은 껍질을 벗긴다. 김이 오른 찜기에
   감자와 당근을 넣어 뚜껑을 덮고 중간 불에서
   20분간 찐다. ✱ 젓가락으로 찔러 상태 확인
2 당근은 사방 0.3cm 크기로 다진다.
   감자는 한 김 식혀
   껍질을 벗기고
   절구에 넣어 으깬 후
   당근과 섞는다.

감자매시

🥣 2회분 🕐 25~35분

감자 140g(3/4개)

1 김이 오른 찜기에 감자를 넣어
   뚜껑을 덮고 중간 불에서 20분간 찐다.
   ✱ 젓가락으로 찔러 상태 확인
2 한 김 식혀 껍질을 벗긴 후
   절구에 넣어 으깬다.

감자 완두콩매시

🥣 2회분 ⏱ 25~35분

감자 80g(2/5개), 완두콩 60g(6큰술)

1 김이 오른 찜기에 감자를 넣어
   뚜껑을 덮고 중간 불에서 20분간 찐다.
   ＊젓가락으로 찔러 상태 확인
2 끓는 물(400㎖)에 완두콩을 넣고 센 불에서
   1분간 데친다. 체로 건져 흐르는 물에 씻어
   식힌 후 껍질을 벗긴다. 절구에 넣어 으깬다.
   ＊생완두콩 사용 시 61쪽 참고
3 감자는 한 김 식혀
   껍질을 벗기고
   ②의 절구에 넣어
   으깬 후 완두콩과
   으깨듯이 섞는다.

감자 아보카도매시

🥣 2회분 ⏱ 25~35분

감자 70g(2/5개),
아보카도 70g(손질 전 90g, 1/2개)

1 김이 오른 찜기에 감자를 넣어
   뚜껑을 덮고 중간 불에서 20분간 찐다.
   ＊젓가락으로 찔러 상태 확인
2 감자는 한 김 식혀 껍질을 벗긴 뒤
   절구에 넣고 으깬다.
3 아보카도는 손질해(42쪽 바나나 아보카도매시
   참고) 칼 옆면으로
   덩어리가 없어질
   때까지 으깬 후
   ②의 절구에 넣어
   으깨듯이 섞는다.

감자 비타민매시

🥣 2회분 🕐 25~35분

감자 140g(3/4개), 비타민(잎 부분,
또는 청경채잎, 시금치잎) 20g

1 김이 오른 찜기에 감자를 넣어
뚜껑을 덮고 중간 불에서 20분간 찐다.
＊젓가락으로 찔러 상태 확인

2 끓는 물(400㎖)에 비타민을 넣고
센 불에서 1분간 데쳐 건진 후
곱게 다져 절구에 넣고 으깬다.

3 감자는 한 김 식혀
껍질을 벗기고
②의 절구에 넣어
으깬 후 비타민과
으깨듯이 섞는다.

감자 시금치매시

🥣 2회분 🕐 25~35분

감자 140g(3/4개), 시금치(잎 부분,
또는 청경채잎, 비타민잎) 20g

1 김이 오른 찜기에 감자를 넣어
뚜껑을 덮고 중간 불에서 20분간 찐다.
＊젓가락으로 찔러 상태 확인

2 끓는 물(400㎖)에 시금치를 넣고
센 불에서 1분간 데친 후 건진다.
시금치는 곱게 다져 절구에 넣고 으깬다.

3 감자는 한 김 식혀
껍질을 벗기고
②의 절구에 넣어
으깬 후 시금치와
으깨듯이 섞는다.

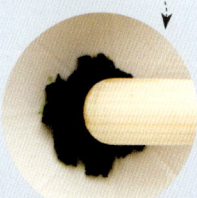

완두콩수프

"수프는 아기들에게는 특별식이에요.
조리 과정이 비교적 간단해서 엄마가 손쉽게 만들 수 있어요.
완두콩은 빈혈과 변비 예방에도 좋아요.
완두콩 대신 다른 콩을 사용해서 만들어도 맛있습니다."

🥣 1~2회분
🕐 20~30분

☐ 완두콩 70g(7큰술)
☐ 모유 100㎖
　　(또는 분유, 1/2컵)

1 끓는 물(400㎖)에 완두콩을
넣어 센 불에서 1분간 데친다.

2 완두콩을 체로 건져
흐르는 물에 씻어 식힌 후
껍질을 벗긴다.

3 절구에 넣어 으깬다.

4 ①의 냄비를 씻어 완두콩과
모유를 넣고 센 불에서
40~50초간 저어가며 끓인다.

Tip

완두콩이 제철이 아닐 때는 가공품을 이렇게 고르세요
제철(4~6월) 완두콩을 사용하는 것이 가장 좋지만 평소에는 구하기 힘드니 유리병에 든 유기농 완두콩이나
삶아서 냉동한 완두콩을 사용하세요. 유리병에 든 완두콩은 물기를 없앤 후 지퍼백에 담아 냉동 보관 가능하며
끓는 물에 데쳐 사용하면 됩니다. 생완두콩의 경우 중간 불에서 10~20분간 끓여 체로 건져 사용하세요.
손으로 부드럽게 으깨지면 잘 익은 거예요. 아기 목에 걸릴 수 있으니 껍질은 꼭 제거하고 사용하고요.
캔 완두콩의 경우 색소가 첨가되어 있어 완두콩이 슈렉 색처럼 될 수 있으니 확인 후 구입하세요.

"수프를 만들 때 전분이 많고 맛이 담백한 감자를 주재료로 쓰면
농도를 조절하기 편해 좋아요. 감자와 양배추는 감기에 좋은 재료로,
감기에 걸려 입맛이 없거나 목이 부어서 이유식을
잘 먹지 못하는 아기에게 좋은 영양 간식입니다."

✱ 감자 양배추수프

🥣 1~2회분 🕐 15~25분

☐ 감자 60g(1/3개)
☐ 양배추 10g
  (잎 부분, 6×5cm 2장)
☐ 모유 100㎖
  (또는 분유, 1/2컵)

1 감자는 껍질을 벗겨 사방 2cm
크기로 썬다. 냄비에 감자와
감자가 잠길 만큼의 물을 붓고
센 불에서 끓인다. 끓어오르면
3분 후 양배추를 넣고 3분간
더 삶아 건진다.

2 감자는 절구에 넣어 뜨거울 때
으깬다. 양배추는 한 김 식혀
사방 0.3cm 크기로 다진다.

3 ①의 냄비를 씻어 모든 재료를
넣고 센 불에서 40~50초간
저어가며 끓인다.

✱ 감자 양파수프

🥣 1~2회분 🕐 10~20분

☐ 감자 60g(1/3개)
☐ 양파 10g(1/20개)
☐ 모유 100㎖
  (또는 분유, 1/2컵)

1 감자는 껍질을 벗겨 사방 2cm
크기로 썬다. 냄비에 감자와
감자가 잠길 만큼의 물을 붓고
센 불에서 끓인다. 끓어오르면
4분 후 양파를 넣고 2분간
더 삶아 건진다.

2 감자는 절구에 넣어 으깬다.
양파는 한 김 식혀 사방 0.3cm
크기로 다진다. ①의 냄비를
씻어 모든 재료를 넣고
센 불에서 40~50초간
저어가며 끓인다.

치킨수프

"균형적인 영양 섭취를 위해 가끔 고기를 넣은 간식도 만들어주세요.
한 끼 이유식으로도 손색이 없는 간식이 됩니다.
고기를 사용할 때는 닭가슴살, 닭안심, 쇠고기 안심 등 기름기가 없는
살코기를 쓰도록 하세요.**"**

🥣 1~2회분
🕐 15~25분

□ 닭가슴살 1/2쪽
  (또는 닭안심 2쪽, 50g)
□ 당근 10g
  (지름 4cm, 두께 0.5cm)
□ 양파 10g(1/20개)
□ 모유 100㎖
  (또는 분유, 1/2컵)

1 당근은 껍질을 벗긴다.
끓는 물(600㎖)에 당근을 넣고
센 불에서 끓인다. 끓어오르면
닭가슴살과 양파를 넣고
2분간 더 삶은 후 양파를
건진다.

2 3분간 더 삶은 후 닭가슴살과
당근을 건진다. *닭가슴살은
젓가락으로 찔러 핏물이 나오지
않고 부드럽게 들어가면
잘 익은 것이다.

3 닭가슴살은 사방 0.2cm
크기로 다지고, 당근과 양파는
사방 0.3cm 크기로 다진다.

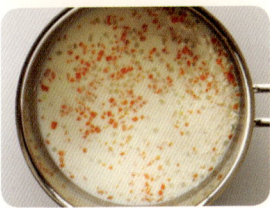

4 ②의 냄비를 씻어 모든 재료를
넣고 센 불에서 40~50초간
저어가며 끓인다.

Tip

쇠고기 안심이나 두부, 다양한 채소 등으로 대체해 만들어도 잘 어울려요
닭가슴살과 양파를 기본 재료로 해서 다양한 이유식 재료를 넣어 수프를 만들어도 좋아요.
꼭 닭고기가 아니어도 괜찮아요. 쇠고기도 좋고, 두부를 넣어 만들어도 좋습니다.
개월수에 맞는 이유식 재료를 다양하게 응용해보세요. 개월수에 맞지 않는 재료를 먹었다고 해서
놀라거나 걱정할 필요는 없습니다. 아기가 알레르기 반응을 일으키지 않는다면 괜찮은 거니까요.

"아기가 알레르기가 있다면
옥수수는 돌 이후에 시도하는 것이 좋아요.
양송이수프와 옥수수수프는 아기가 큰 뒤에도 자주 해주는 수프인데요,
우유나 소금 등을 더하긴 하지만 기본은 이 레시피랍니다."

✳ 양송이수프

🍲 1~2회분 🕐 10~20분

☐ 양송이버섯 50g
　(손질 전 60g, 2개)
☐ 양파 10g(1/20개)
☐ 모유 100㎖
　(또는 분유, 1/2컵)

1 양송이버섯은 밑동과 껍질을
제거하고 열십(+)자로
4등분한다. 끓는 물(400㎖)에
양파를 넣어 센 불에서 2분,
양송이버섯을 넣고 1분간
더 삶은 후 건져 한 김 식힌다.

2 푸드 프로세서(또는 믹서)에
양송이버섯과 모유를 넣어
1분간 곱게 간다. 양파는
사방 0.3cm 크기로 다진다.

3 ①의 냄비를 씻어 모든 재료를
넣고 센 불에서 40~50초간
저어가며 끓인다.

✳ 옥수수수프

🍲 1~2회분 🕐 5~15분

☐ 옥수수 7큰술(70g)
☐ 모유 100㎖
　(또는 분유, 1/2컵)

1 끓는 물(400㎖)에 옥수수를
넣고 센 불에서 1분간 데친 후
체로 건진다.

2 푸드 프로세서(또는 믹서)에
옥수수와 모유를 넣어
1분간 곱게 간 다음 냄비에
넣고 센 불에서 40~50초간
저어가며 끓인다.

Tip

옥수수는 체에 내려 껍질을 분리하면 더 부드러운 식감의
수프를 만들 수 있어요. 옥수수 고르는 법은 47쪽을 참고하세요.

단호박수프

🥣 1~2회분   ⏱ 15~25분

단호박 60g(손질 전 80g, 1/10개), 양파 10g(1/20개),
모유 100㎖(또는 분유, 1/2컵)

1 단호박은 숟가락으로 씨를 제거하고
   칼을 위에서 아래로 내려가며 껍질을 벗긴 후
   사방 2cm 크기로 썬다(31쪽 단호박퓌레 참고).

2 냄비에 단호박과 단호박이 잠길 만큼의 물을 붓고
   센 불에서 끓인다. 끓어오르면 5분 후 양파를 넣고
   2분간 더 삶아 건진다. ✱ 젓가락으로 찔러 상태 확인

3 단호박은 절구에 넣어 뜨거울 때 으깨고,
   양파는 사방 0.3cm 크기로 다진다.
   ②의 냄비를 씻어 모든 재료를 넣고 ┈┈┈┈┈┈➤
   센 불에서 40~50초간 저어가며 끓인다.

✱ 브로콜리수프

🥣 1~2회분 ⏱ 15~25분

브로콜리 50g(꽃 부분, 3×3cm 5개), 감자
20g(1/10개), 모유 1/2컵(또는 분유, 100㎖)

1 감자는 껍질을 벗긴다. 냄비에
감자와 감자가 잠길 만큼의 물을 붓고
센 불에서 끓인다. 끓어오르면 1분 후
브로콜리를 넣고 5분간 더 삶아 건진다.
✱ 젓가락으로 찔러 상태 확인

2 감자는 절구에 넣어 으깨고,
브로콜리는 곱게 다진다.

3 ①의 냄비를 씻어 모든 재료를
넣고 센 불에서 40~50초간
저어가며 끓인다.

✱ 바나나수프

🥣 1~2회분 ⏱ 5~15분

바나나 70g(2/3개),
모유 1/2컵(또는 분유, 100㎖)

1 바나나는 껍질을 벗기고 끝을 잘라낸 후
칼 옆면으로 덩어리가 없어질 때까지 으깬다.

2 냄비에 바나나와 모유를 넣어
센 불에서 40~50초간 저어가며
끓인다. ✱ 식혀 먹여도 좋다.

"따뜻한 고구마수프는 만들기도 간단하고 맛도 좋은 간식이에요.
모유 양을 더 늘려 묽게 만들면 아기용 고구마라테처럼
먹일 수도 있어요."

✳ 고구마수프

🍚 1~2회분   🕐 15~25분

☐ 고구마 60g(1/3개)
☐ 양파 10g(1/20개)
☐ 모유 100㎖
   (또는 분유, 1/2컵)

1 고구마는 껍질을 벗긴 후
사방 2cm 크기로 썬다. 냄비에
고구마와 고구마가 잠길 만큼의
물을 붓고 센 불에서 끓인다.

2 끓어오르면 4분 후 양파를 넣어
2분간 더 삶아 건진다.
★젓가락으로 찔러 상태 확인

3 고구마는 절구에 넣어 으깨고,
양파는 한 김 식혀 사방 0.3cm
크기로 다진다. ②의 냄비를
씻어 모든 재료를 넣고
센 불에서 40~50초간
저어가며 끓인다.

✳ 고구마 당근수프

🍚 1~2회분   🕐 15~25분

☐ 고구마 50g(1/4개)
☐ 당근 20g
   (지름 4cm, 두께 1cm)
☐ 모유 100㎖
   (또는 분유, 1/2컵)

1 고구마와 당근은 껍질을
벗긴다. 고구마는 사방 2cm
크기로 썬다. 냄비에 고구마와
당근, 그리고 잠길 만큼의
물을 붓고 센 불에서 끓인다.

2 끓어오르면 5~7분간
더 삶은 후 건진다.
★젓가락으로 찔러 상태 확인

3 고구마는 절구에 넣어 으깨고,
당근은 사방 0.3cm 크기로
다진다. ②의 냄비를 씻어
모든 재료를 넣고 센 불에서
40~50초간 저어가며 끓인다.

"완두콩은 꼭 으깨서 먹이세요.
부드럽긴 하지만 덩어리가 작아서 자칫 목에 걸릴 수 있거든요.
완두콩매시와 자두 배매시는 한 숟가락씩 번갈아가며 먹여도 좋아요.
완두콩매시가 되게 느껴질 때 자두 배매시가 그 질감을 보완해주거든요.**"**

✱ 완두콩매시

🍚 2회분 ⏱ 25~35분
❄ 냉동 1개월

☐ 완두콩 140g(2/3컵)

1 끓는 물(400㎖)에 완두콩을 넣고 센 불에서 1분간 데친다. 체로 건져 흐르는 물에 씻어 식힌 후 껍질을 벗긴다.

2 절구에 완두콩을 넣어 으깬다.

✱ 자두 배매시

🍚 1회분 ⏱ 5~15분

☐ 배 40g
　　(손질 전 50g, 1/10개)
☐ 자두 30g(손질 전 35g, 1개)

1 배는 껍질과 씨를 제거하고 강판에 간다.

2 자두는 껍질을 벗긴다. 1/2 분량은 강판에 갈고, 나머지는 사방 0.3cm 크기로 다진다. 볼에 배와 간 자두, 다진 자두를 넣어 섞는다.

Tip

완두콩이 제철이 아닐 때는 가공품을 고르거나 다른 고소한 콩으로 대체하세요
제철(4~6월) 완두콩이 가장 좋지만 평소에는 구하기 힘드니 유리병에 든 유기농 완두콩이나 삶아서 냉동한 완두콩을 사용하세요. 유리병에 든 완두콩은 물기를 없앤 후 지퍼백에 담아 냉동 보관 가능하며(3개월) 끓는 물에 데쳐 사용하면 됩니다. 생완두콩의 경우 중간 불에서 15~20분간 끓여 체로 건져 사용하세요. 손으로 부드럽게 으깨지면 잘 익은 거예요. 아기 목에 걸릴 수 있으니 껍질은 꼭 제거해 사용하세요. 완두콩을 구하기 힘들 때에는 다른 종류의 콩을 사용해도 됩니다. 검은콩, 밤콩, 작두콩 등 고소한 콩이 많아요. 이 콩들은 삶았을 때 완두콩보다 조금 더 퍽퍽할 수 있으니 생수 등을 첨가해 부드럽게 만들어 먹이세요.

"과일을 이용한 이유식 간식들은 불 없이 간단하게
만들 수 있고 아기들도 잘 먹어서 좋아요.
단, 달달한 과일 간식을 이유식보다 더 좋아한다면 과감하게 중단하고
이유식만 먹이는 시간도 필요합니다."

*사과 배매시

🥣 1회분 ⏱ 5~15분

☐ 사과 35g
　(손질 전 50g, 1/4개)
☐ 배 35g
　(손질 전 50g, 1/10개)

1 사과와 배는 껍질과 씨를 제거한다. 사과 5g은 사방 0.3cm 크기로 다지고, 나머지 사과와 배는 강판에 간다.
★사과 대신 배를 다져도 좋다.

2 볼에 간 사과, 배, 다진 사과를 넣어 섞는다.

*사과 블루베리매시

🥣 1회분 ⏱ 5~15분

☐ 사과 50g
　(손질 전 65g, 1/3개)
☐ 블루베리 20g(10~15개)

1 사과는 껍질과 씨를 제거하고 강판에 간다. 블루베리는 체에 밭쳐 흐르는 물에 씻은 후 곱게 다진다.

2 볼에 사과와 블루베리를 넣어 섞는다.

Tip
블루베리는 제철(7~9월)이 아니면 생것을 구하기 힘들어요.
냉동 블루베리의 경우 물에 씻어서 살짝 해동해 사용하고,
다진 다음 사과와 함께 끓는 물에 살짝 끓여 식힌 후 먹여도 좋아요.

"멜론은 알레르기를 일으킬 수 있는 과일이니
이유식 중기 후반에 들어서면 먹이세요.
껍질 쪽의 과육은 딱딱하고 단맛이 적어서 아기가 먹기에
힘들 수 있으니 부드러운 과육 부분만 사용하세요."

✱ 멜론 블루베리 매시

🥣 1회분　⏱ 5~15분

☐ 멜론 과육 50g
　(6×4×2cm)
☐ 블루베리 20g(10~15개)

1 멜론은 강판에 간다.
　남은 섬유질은 잘게 다진다.

2 블루베리는 체에 밭쳐
　흐르는 물에 씻은 후 곱게
　다진다. 볼에 멜론과
　블루베리를 넣어 섞는다.

Tip

멜론은 강판에 갈고 나면 섬유질이 남는데, 버려도 되지만
칼로 잘게 다져 이유식 간식에 넣어 섞어도 됩니다.

✱ 멜론 바나나매시

🥣 1회분　⏱ 5~15분

☐ 멜론 과육 35g
　(4.5×4×2cm)
☐ 바나나 35g(1/3개)

1 멜론은 강판에 간다.
　남은 섬유질은 잘게 다진다.

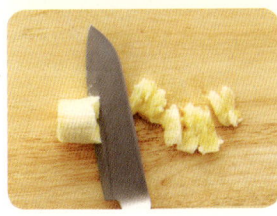

2 바나나는 껍질을 벗기고
　끝을 잘라낸 후 칼 옆면으로
　덩어리가 없어질 때까지
　으깬다. 볼에 멜론과
　바나나를 넣어 섞는다.

Tip

바나나는 으깨면 바로 갈변이 시작되니 먹기 직전에 으깨서
멜론과 섞어주세요. 바나나를 다져서 멜론즙에 넣어도 됩니다.

＊멜론 사과매시

🥣 1회분　🕐 10~20분

멜론 과육 50g(6×4×2cm),
사과 20g(손질 전 30g, 사방 4cm)

1 멜론은 강판에 간다.
　　남은 섬유질은 잘게 다진다.
2 사과는 껍질과 씨를 제거하고
　　사방 0.3cm 크기로 다진다.
3 볼에 멜론과 사과를
　　넣어 섞는다.

＊멜론 배매시

🥣 1회분　🕐 10~20분

멜론 과육 50g(6×4×2cm),
배 20g(손질 전 30g, 사방 4cm)

1 멜론은 강판에 간다.
　　남은 섬유질은 잘게 다진다.
2 배는 껍질과 씨를 제거하고
　　사방 0.3cm 크기로 다진다.
3 볼에 멜론과 배를
　　넣어 섞는다.

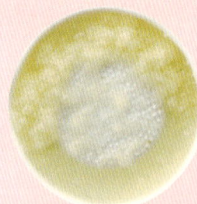

멜론 아보카도매시

🍲 1회분   🕐 5~15분

멜론 과육 30g(4×4×2cm),
아보카도 40g(손질 전 60g, 1/3개)

1 아보카도는 손질해(42쪽 바나나 아보카도매시 참고)
   칼 옆면으로 덩어리가 없어질 때까지 으깬다.
2 멜론은 강판에 간다. 남은 섬유질은 잘게 다진다.
3 볼에 멜론과 아보카도를 넣어 섞는다.

Tip

아보카도는 껍질을 벗기면
곧바로 갈변이 시작되니
먹기 직전에 으깨서
멜론즙과 섞어주세요.

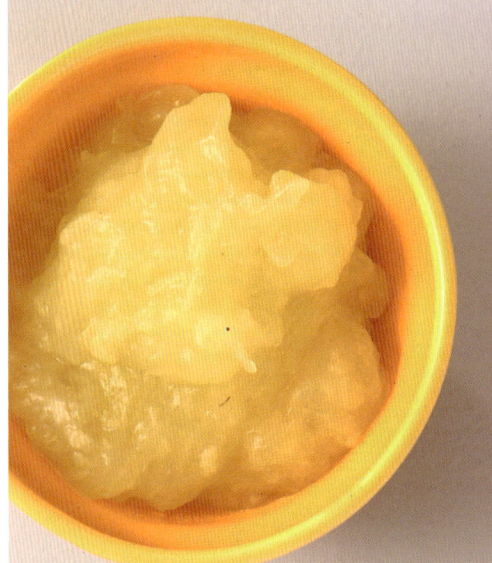

"전분을 넣어 만든 젤리는
아기에게 색다른 식감을
느끼게 해줄 간식이에요.
과일의 달콤한 맛 때문에
아기들이 참 잘 먹는답니다."

✳ 멜론 사과 전분젤리

🥣 1~2회분   🕐 10~20분

□ 멜론 과육 50g
　(6×4×2cm)
□ 사과 20g
　(손질 전 30g, 사방 4cm)
□ 시판 감자 전분 2큰술(16g)
□ 물 50㎖(1/4컵)

1 멜론은 강판에 갈고,
남은 섬유질은 잘게 다진다.
사과는 껍질과 씨를 제거하고
강판에 간다. ✳ 멜론과 사과
일부는 다져서 넣어도 좋다.

2 냄비에 모든 재료를 넣고
약한 불에서 1분간 저어가며
진득해질 때까지 끓인다.
그릇에 담아 식힌다.

✳ 멜론 배 전분젤리

🥣 1~2회분   🕐 10~20분

□ 멜론 과육 50g
　(6×4×2cm)
□ 배 20g
　(손질 전 30g, 사방 4cm)
□ 시판 감자 전분 2큰술(16g)
□ 물 50㎖(1/4컵)

1 멜론은 강판에 갈고,
남은 섬유질은 잘게 다진다.
배는 껍질과 씨를 제거하고
강판에 간다. ✳ 멜론과 배
일부는 다져서 넣어도 좋다.

2 냄비에 모든 재료를 넣고
약한 불에서 1분간 저어가며
진득해질 때까지 끓인다.
그릇에 담아 식힌다.

Tip

전분이 뭉치지 않도록 신경 써주세요
전분을 넣을 때는 골고루 뿌려 넣으면서 섞으세요.
그래야 한 곳만 뭉치는 걸 막을 수 있어요.
또, 약한 불에서 살짝 끓여야 한 덩어리로 뻑뻑하게 뭉치지 않아요.

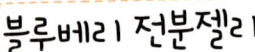

블루베리 전분젤리

🥣 2회분　⏱ 5~15분

블루베리 70g(35~40개),
시판 감자 전분 2큰술(16g), 물 50㎖(1/4컵)

1 블루베리는 체에 밭쳐 흐르는 물에 씻는다.
　　*냉동 블루베리는 해동해 사용한다.
2 푸드 프로세서에 블루베리와
　　물을 넣어 1분간 곱게 간다.
3 냄비에 모든 재료를 넣고
　　약한 불에서 1분간 저어가며
　　진득해질 때까지 끓인다.
4 그릇에 담아 한 김 식힌다.

자두 배 전분젤리

🥣 2~3회분　⏱ 5~15분

배 50g(손질 전 60g, 1/10개), 자두 30g(손질 전 35g, 1개),
시판 감자 전분 2큰술(16g), 물 50㎖(1/4컵)

1 배와 자두는 껍질과 씨를 제거하고 강판에 간다.
2 냄비에 모든 재료를 넣고 약한 불에서
　　1분간 저어가며 진득해질 때까지 끓인다.
3 그릇에 담아 한 김 식힌다.

구기자 배 전분젤리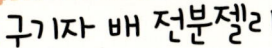

🥣 2~3회분 ⏱ 5~15분

배 80g(손질 전 90g, 약 1/6개),
시판 감자 전분 2큰술(16g),
구기자물 50㎖(또는 물, 1/4컵, 89쪽 참고)

1 배는 껍질과 씨를 제거하고 강판에 간다.
2 모든 재료를 넣고 약한 불에서
   1분간 저어가며
   진득해질 때까지 끓인다.
3 그릇에 담아 한 김 식힌다.

대추 배 전분젤리

🥣 2~3회분 ⏱ 15~25분

배 70g(손질 전 80g, 1/6개), 대추 10g(2개),
시판 감자 전분 2큰술(16g), 대추 끓인 물 50㎖(1/4컵)

1 대추는 씻은 후 돌려 깎아 씨를 제거한다(대추 씻는 법 55쪽 참고).
2 냄비에 대추와 물(200㎖)을 넣고 센 불에서 끓인다. 끓어오르면
   5분간 끓인 후 건진다. 대추 끓인 물 50㎖(1/4컵)는 따로 덜어둔다.
3 대추는 숟가락 뒷부분으로 눌러 과육을 체에 내린다.
   배는 껍질과 씨를 제거하고 강판에 간다.
4 ②의 냄비를 씻어 모든 재료를 넣고 약한 불에서
   1분간 저어가며 진득해질 때까지 끓인다.
5 그릇에 담아 한 김 식힌다.

단호박푸딩

"달콤하고 부드럽고 촉촉해서
아기가 잘 먹는 간식이에요.
단호박매시만 있으면 만드는 과정은 정말 간단하지요.
건포도 등을 속에 첨가해서 만들어도 좋아요.
외출할 때 가지고 나가기에도 간편한 간식이랍니다."

🥣 1~2회분
🕐 30~40분

□ 단호박 70g
　(손질 전 90g, 1/10개)
□ 달걀노른자 1개
□ 모유(또는 분유) 1큰술

1 단호박은 숟가락으로
씨를 제거한다.

2 김이 오른 찜기에 단호박을
옆으로 눕혀 넣어 뚜껑을 덮고
중간 불에서 15분간 찐다.
★ 젓가락으로 찔러 상태 확인

3 단호박은 속을 파내고 절구에
넣어 으깬 후 완전히 식힌다.
★ 단호박은 삶아서 으깨도
좋다.

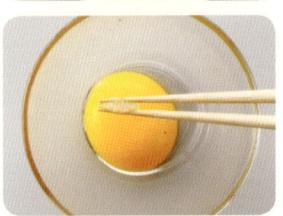

4 달걀노른자의 알끈을
제거한 후 볼에 넣어 푼다.
모든 재료를 넣고 섞어
내열 용기에 담는다.

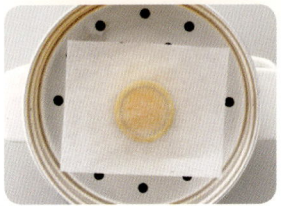

5 김이 오른 찜기에 ④를 올려
종이 포일로 덮고 뚜껑을 덮어
중간 불에서 15분간 찐다.

Tip

달걀노른자만 사용하는 이유는?

달걀의 흰자는 알레르기를 유발할 수 있으니 돌 이후에 먹이세요. 알레르기가 있는 아기라면 노른자도
돌 이후에 먹이는 게 좋아요. 알끈을 제거하지 않으면 익힌 후 식감이 좋지 않을 수 있으니 가급적
제거하는 것이 좋습니다. 달걀은 뾰족한 부분이 아래로 내려가게 두고 보관해야 신선함이 오래 간답니다.

바나나푸딩

🥣 1~2회분 🕐 20~30분

바나나 70g(2/3개), 달걀노른자 1개,
모유(또는 분유) 1큰술

1 바나나는 껍질을 벗기고
   끝을 잘라낸 후 칼 옆면으로 으깬다.
2 달걀노른자의 알끈을 제거한 후
   볼에 넣어 푼다. 모든 재료를 넣고 섞어
   내열 용기에 담는다.
3 김이 오른 찜기에 ②를 올려
   종이 포일로 덮고
   뚜껑을 덮어 중간
   불에서 15분간 찐다.

바나나 멜론푸딩

🥣 1~2회분 🕐 20~30분

바나나 40g(2/5개), 멜론 과육
30g(4×4×2cm), 달걀노른자 1개,
모유(또는 분유) 1큰술

1 바나나는 껍질을 벗기고 끝을 잘라낸 후
   칼 옆면으로 으깬다. 멜론은 강판에 간다.
   남은 섬유질은 칼로 곱게 다진다.
2 달걀노른자의 알끈을 제거한 후
   볼에 넣어 푼다. 모든 재료를 넣고 섞어
   내열 용기에 담는다.
3 김이 오른 찜기에 ②를
   올려 종이 포일로 덮고
   뚜껑을 덮어 중간
   불에서 15분간 찐다.

단호박 사과푸딩

🍚 1~2회분　🕐 40~50분

단호박 50g(손질 전 70g, 1/10개), 사과 20g(손질 전 30g, 사방 4cm),
달걀노른자 1개, 모유(또는 분유) 1큰술

1 단호박은 숟가락으로 씨를 제거한다.
　　김이 오른 찜기에 단호박을 옆으로 눕혀 넣고
　　중간 불에서 20분간 찐다. ★ 젓가락으로 찔러 상태 확인

2 사과는 껍질과 씨를 제거하고 사방 0.3cm 크기로 다진다.
　　단호박은 속을 파내고 절구에 넣어 으깬 후 완전히 식힌다.

3 달걀노른자의 알끈을 제거한 후 볼에 넣어 푼다.
　　모든 재료를 넣고 섞어 내열 용기에 담는다.

4 김이 오른 찜기에 ③을 올려 종이 포일로 덮고
　　뚜껑을 덮어 중간 불에서 15분간 찐다.

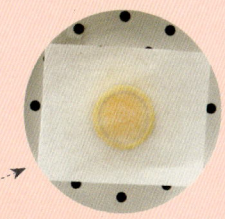

"구기자는 입맛을 살려주는 재료예요.
그래서 이유식 육수 대용으로 사용하기도 한답니다.
**구기자물은 다이어트, 피로 해소 등의 효과가 있어
엄마에게도 좋으니 아기와 같이 드세요.**
배 대추차는 감기에 특히 좋은 차예요.
아기가 감기에 걸렸을 때나 감기 기운이 있을 때 끓여 먹이세요."

배 대추차

구기자물

❋ 구기자물

🍲 5~6회분 🕐 60~70분
🧊 냉장 5일

☐ 말린 구기자 1큰술(약 5g)
☐ 물 800㎖(4컵)

1 말린 구기자를 체에 밭쳐
흐르는 물에 씻는다.
냄비에 구기자와 물을 넣어
20분간 둔 후 센 불에서 끓인다.

2 끓어오르면 약한 불로 줄여
물의 양이 2/3 정도로 줄어들
때까지 35~40분간 끓인 후
체에 거른다. ★완성 양은
약 500㎖(2와 1/2컵)이다.

Tip

너무 진한 맛이 나면 생수를 조금 타서 희석시켜 먹이세요.
구기자물은 물 대신 이유식에 사용하거나 그냥 먹여도 좋아요.
단맛과 감칠맛이 있어 입맛을 잃은 아이에게 특히 좋답니다.

❋ 배 대추차

🍲 3~4회분 🕐 70~80분
🧊 냉장 5일

☐ 배 250g
　(손질 전 300g, 2/3개)
☐ 대추 20g(5개)
☐ 물 1ℓ(5컵)

1 배는 껍질과 씨를 제거하고
사방 2cm 크기로 썬다.
대추는 씻은 후 길이로 칼집을
낸다(대추 씻는 법 55쪽 참고).

2 냄비에 모든 재료를 넣고
센 불에서 끓인다. 끓어오르면
약한 불로 줄여 배가 흐물거릴
때까지 1시간 정도 끓인 후
체에 밭쳐 한 김 식힌다. ★완성
양은 약 400㎖(2컵)이다.

Tip

너무 진한 맛이 나면 생수를 조금 타서 희석시켜 먹이세요.
끓어오르면 약한 불로 줄여서 은근하게 끓여야 찻물이 많이 줄어들지
않아요. 후기 이후가 되면 도라지를 첨가해서 끓여도 좋아요.
온 가족이 함께 먹는, 감기 예방에 좋은 차가 된답니다.

멜론 두부우유

🥣 1~2회분 ⏱ 5~15분

생식용 두부 50g(1/4모), 멜론 과육
20g(3×4×2cm), 생수 120㎖(3/5컵)

1 끓는 물(200㎖)에 두부를 넣어 센 불에서
1분간 데친 후 건져 그대로 식힌다.

2 멜론은 껍질과 씨를 제거한다.

3 푸드 프로세서(또는 믹서)에 모든 재료를
넣어 1분간 곱게 간다.
*아기의 반응에 따라
생수의 양을 조절해
아기가 잘 먹을 수
있도록 농도를 맞춘다.

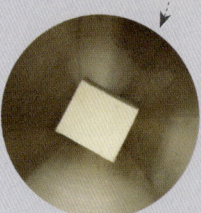

바나나 아보카도스무디

🥣 1~2회분 ⏱ 5~15분

바나나 20g(1/5개), 아보카도 10g(손질 전 30g,
1/7개), 모유 120㎖(또는 분유, 생수, 3/5컵)

1 바나나는 껍질을 벗기고 끝을 제거한 후
1cm 두께로 썬다.

2 아보카도는 손질해(42쪽 바나나 아보카도매시
참고) 사방 2cm 크기로 썬다.

3 푸드 프로세서(또는
믹서)에 모든 재료를
넣어 1분간 곱게 간다.
*아기의 반응에 따라
모유의 양을 조절해
아기가 잘 먹을 수
있도록 농도를 맞춘다.

바나나스무디

🍲 1~2회분   🕐 5~15분

바나나 70g(2/3개),
모유 120㎖(또는 분유, 생수, 3/5컵)

1 바나나는 껍질을 벗기고 ┈┈┈
    끝을 잘라낸 후 1cm 두께로 썬다.

2 푸드 프로세서(또는 믹서)에 ┈┈┈
    바나나와 모유를 넣어 1분간 곱게 간다.

　★아기의 반응에 따라 모유의 양을
    조절해 아기가 잘 먹을 수 있도록
    농도를 맞춘다.

오이주스

🥣 1~2회분 🕐 5~15분

오이 100g(손질 전 130g, 2/3개)

1 오이는 껍질을 벗기고 길이로 2등분해
  씨를 제거한 후 강판에 곱게 간다.

2 젖은 면포를 깐 체에 오이를 넣어
  꼭 짠다. ✱ 젖은 면포에
  넣고 짜야즙이 면포에
  많이 스며들지 않는다.

자두주스

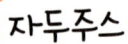

🥣 1~2회분 🕐 5~15분

자두 30g(손질 전 35g, 1개), 생수 100㎖(1/2컵)

1 자두는 껍질과 씨를 제거하고 강판에 곱게 간다.

2 젖은 면포를 깐 체에 모든 재료를 넣어
  꼭 짠다. ✱ 면포에 거르지 않고
  그대로 먹여도 좋다.

✱ 사과 당근주스

🥣 1~2회분 🕐 5~15분

사과 100g(손질 전 120g, 2/3개),
당근 20g(지름 4cm, 두께 1cm),
물 50㎖(1/4컵)

1 사과는 껍질과 씨를 제거하고,
당근은 껍질을 벗긴 후 사방 2cm 크기로 썬다.
2 푸드 프로세서(또는
믹서)에 모든 재료를
넣고 1분간 곱게 간다.
3 젖은 면포를 깐 체에
②를 넣어 꼭 짠다. ⋯⋯

✱ 수박주스

🥣 1~2회분 🕐 5~15분

수박 250g(손질 전 350g, 1/10통)

1 수박의 씨를 제거하고 2~3등분해
강판에 곱게 간다.
2 체에 ①을 넣어 숟가락으로 눌러가며 짠다. ⋯
＊과육을 거르지 않고 그대로 먹여도 좋다.

Tip

목이 많이 부었을 때는
냉장고에 넣어 차갑게
먹여도 좋습니다.

Chapter 03

호기심이 왕성해져
손을 쓰기 좋아하는
이유식 후기의 간식

간식 횟수와 분량 1일 2회, 한 회에 110㎖(약 1/2컵, 200㎖ 계량컵 기준)
이유식 횟수와 분량 1일 3회, 한 끼에 100~150㎖
1일 수유량 600~700㎖

만 8~12개월

이유식 중기가 끝나고 후기로 이어질 즈음이면 아기들은 뭐든
손으로 잡으려고 해요. 소근육 키우기를 연습하기 좋은 시기이니
스스로 집어 먹을 수 있는 핑거 푸드 간식을 많이 만들어주세요.
이 시기에 아기가 모유(분유)나 이유식을 잘 안 먹는다고
당류가 많은 간식을 자주 주는 경우가 있는데요, 절대 안 됩니다.
사탕이나 달고 짠 과자는 피하고 건강한 이유식 간식을 주세요.
모유(분유)와 이유식을 잘 안 먹으면 간식은 과감하게 주지 않아도 됩니다.
아직은 모유(분유)가 우선이 되어야 하며, 이유식은 밥 먹는 연습을 위한 것입니다.

"과일은 살짝 구우면 단맛이 더 진해지고 생과일을 먹을 때와는
또 다른 맛과 식감을 느낄 수 있어요. 치즈는 후기부터 먹이기 시작하는데,
첫 치즈는 엄마가 직접 만들어주세요.
리코타치즈는 재료도 간단하고 만들기도 쉬워서 홈메이드 치즈로 추천합니다."

✱ 사과구이

🥣 1회분 🕐 10~20분

☐ 사과 110g
　(손질 전 130g, 2/3개)

1 사과는 껍질과 씨를 제거하고 사방 1cm 크기로 썬다.

2 달군 팬에 기름을 두르지 않고 사과를 넣어 약한 불에서 저어가며 3분간 굽는다.
　★리코타치즈(1큰술)를 곁들여도 좋다.

✱ 살구구이

🥣 1회분 🕐 10~20분

☐ 살구 110g
　(손질 전 150g, 3개)

1 살구는 껍질과 씨를 제거하고 사방 1cm 크기로 썬다.

2 달군 팬에 기름을 두르지 않고 살구를 넣어 약한 불에서 저어가며 2분간 굽는다.
　★리코타치즈(1큰술)를 곁들여도 좋다.

Tip

리코타치즈 만들기 📦 냉장 5일/냉동 30일

레몬 1개, 우유 1ℓ(5컵)

1 레몬은 소금이나 베이킹파우더로 문질러 씻은 후 도마 위에 눌러가면서 굴린다.
　★즙이 많이 나오게 하기한 과정이다.
2 2등분한 후 스퀴저(또는 포크, 컵)를 이용하여 즙(60㎖)을 낸다. 레몬즙을 체에 내려 액만 거른다.
3 냄비에 우유를 붓고 중간 불에서 끓인다. 막이 생기면 걷어낸다.
4 우유가 끓기 직전에 약한 불로 줄인 후 레몬즙을 넣어 다섯 번 정도 젓는다.
5 순두부처럼 몽글몽글해지면 바로 불을 끄고 거즈나 체에 치즈를 밭쳐 물기를 뺀다.
　★체에 걸러진 물을 유청이라고 하는데, 세안할 때 사용하면 피부가 촉촉해져요.
　유청을 리코타치즈에 섞은 후 믹서에 갈면 부드러운 크림치즈가 됩니다.

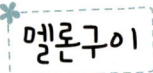
멜론구이

🥣 1회분 ⏱ 10~20분

☐ 멜론 과육 110g
　(13×4×2cm)

1 멜론은 사방 1cm 크기로 썬다.

2 달군 팬에 기름을 두르지 않고 멜론을 넣어 약한 불에서 살살 저어가며 2분간 굽는다.

바나나구이

🍽 1회분　⏱ 5~15분

☐ 바나나 1개(100g)

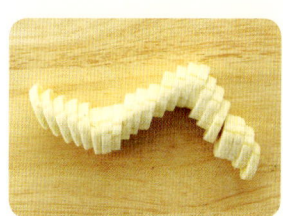

1 바나나는 껍질과 양 끝을 제거하고 0.5cm 두께로 썬다.

2 달군 팬에 기름을 두르지 않고 바나나를 넣어 약한 불에서 과육이 살짝 물러질 정도로 앞뒤로 각각 1분씩 굽는다.

비트구이

비트구이

🥣 2회분 ⏱ 25~35분

비트 1/2개(또는 감자·고구마 1개, 200g)

1 비트는 깨끗이 씻어 4등분한다.
  1개씩 종이 포일 → 쿠킹 포일 순으로
  감싼다.

2 바닥이 두꺼운 팬에 비트를 넣고
  뚜껑을 덮어 약한 불에서 15분,
  뒤집어 5분간 익힌다.

3 비트를 한 김 식힌 후 껍질을
  키친타월로 잡아 벗기고
  사방 1cm 크기로 썬다.
  ✱리코타치즈(1큰술)를
  곁들여도 좋다.

배구이

배 비트구이

배 비트구이

🥣 1회분 ⏱ 15~25분

배 110g(손질 전 150g, 1/5개),
비트 20g, 생수 1큰술

1 배는 껍질과 씨를 제거하고 사방 1cm 크기로
  썬다. ✱씨 주변 노란 부분까지 완전히 제거한다.

2 비트는 껍질을 벗기고 강판에 간 후
  생수를 섞어 체에 내려 비트즙을 만든다.

3 볼에 배와 비트즙 약 1큰술을 넣고 섞어
  5분간 둔다. ✱중간중간 섞는다.

4 달군 팬에 기름을 두르지
  않고 배를 넣어 약한
  불에서 저어가며 3분간
  굽는다. ✱리코타치즈
  (1큰술)를 곁들여도 좋다.

Tip

비트를 자르지 않은 채 종이 포일로
감싸고 쿠킹 포일로 한 번 더 감싼 후
**220℃(미니 오븐 동일)로 예열된
오븐에서 30분간 구워도 됩니다.**
도마에 종이 포일을 깔고 비트를
자르면 비트물이 들지 않아서 좋아요.

배구이

🍲 1회분　⏱ 10~20분

배 110g (손질 전 150g, 1/5개)

1 배는 껍질과 씨를 제거하고 사방 1cm 크기로 썬다.
★ 씨 주변 노란 부분까지 완전히 제거한다.

2 달군 팬에 기름을 두르지 않고
배를 넣어 약한 불에서 저어가며
3분간 굽는다. ·····························▶
★ 리코타치즈(1큰술)를
곁들여도 좋다.

Tip

블루베리는 동량의
**냉동 블루베리로 대체해도
좋아요.** 냉동 블루베리는
해동해서 물 1큰술과 함께
푸드 프로세서에 넣어
30초간 곱게 가세요.

블루베리소스를 곁들인 배구이

🍲 1회분　⏱ 15~25분

배 110g (손질 전 150g, 1/5개),
블루베리 30g(15~20개),
물 1과 1/2큰술

1 배는 껍질과 씨를 제거하고
사방 1cm 크기로 썬다.
블루베리는 체에 밭쳐 흐르는
물에 씻는다. ★ 배는 씨 주변
노란 부분까지 완전히 제거한다.

2 달군 팬에 기름을 두르지 않고
배를 넣어 약한 불에서 저어가며
3분간 구워 그릇에 담는다.

3 푸드 프로세서에 블루베리와
물을 넣고 30초간 곱게 간다.

4 ②의 팬을 닦아 ③을 넣고
약한 불에서 2분간 저어가며
끓인 후 배구이에 곁들인다. ·······▶
★ 리코타치즈(1큰술)를
곁들여도 좋다.

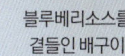

블루베리소스를
곁들인 배구이

블루베리요구르트

🥣 1회분 🕐 5~15분

☐ 떠먹는 플레인 요구르트
  80g(1통)
☐ 블루베리 20g(10~15개)

Tip

1 블루베리 대신 블루베리
  소스(101쪽)를 곁들여도
  좋아요.
2 요구르트는 설탕이나
  각종 첨가물이 없는 것을
  사용하세요.

1 블루베리는 체에 밭쳐
  흐르는 물에 씻은 후
  사방 0.5cm 크기로 다진다.

2 플레인 요구르트에
  블루베리를 넣어 섞는다.

바나나 아보카도요구르트

🥣 1회분   ⏱ 5~15분

☐ 떠먹는 플레인 요구르트
80g(1통)
☐ 바나나 20g(1/5개)
☐ 아보카도 과육 10g

1 바나나는 껍질을 벗겨
끝을 잘라내고, 아보카도는
손질해(42쪽 참고) 각각
사방 0.5cm 크기로 다진다.
*바나나와 아보카도는
으깨도 좋다.

2 플레인 요구르트에 바나나,
아보카도를 넣어 섞는다.

 Tip

바나나 대신 바나나구이(99쪽)를
곁들여도 좋아요.

바나나 블루베리요구르트

🥣 1회분 ⏱ 5~15분

떠먹는 플레인 요구르트 80g(1통),
바나나 20g(1/5개), 블루베리 10g(5~10개)

1 바나나는 껍질을 벗기고 끝을 잘라낸 후
   사방 0.5cm 크기로 다진다. * 으깨도 좋다.
2 블루베리는 체에 밭쳐
   흐르는 물에 씻은 후
   사방 0.5cm 크기로
   다진다.
3 플레인 요구르트에
   바나나와 블루베리를
   넣어 섞는다.

Tip

바나나 대신 바나나구이(99쪽),
블루베리 대신 블루베리소스(101쪽)를
곁들여도 좋아요..

멜론요구르트

🥣 1회분 ⏱ 5~15분

떠먹는 플레인 요구르트 80g(1통),
멜론 과육 30g(4×4×2cm)

1 멜론은 사방 0.5cm 크기로 다진다.
   * 껍질 쪽은 과육이 딱딱해
   아기가 먹기 어려우니
   씨 쪽의 부드러운
   부분을 사용한다.
2 플레인 요구르트에
   멜론을 넣어 섞는다.

Tip

멜론 대신 멜론구이
(98쪽)를 곁들여도 좋아요.

바나나 멜론요구르트

🥣 1회분 ⏱ 5~15분

떠먹는 플레인 요구르트 80g(1통),
바나나 15g(1/6개),
멜론 과육 15g(2×4×2cm)

1 바나나는 껍질을 벗기고 끝을 잘라낸다.
바나나와 멜론 과육은 사방 0.5cm 크기로
다진다. ＊바나나는
으깨도 좋다.

2 플레인 요구르트에
바나나와 멜론을 넣어
섞는다.

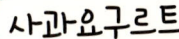

사과요구르트

🥣 1회분 ⏱ 5~15분

떠먹는 플레인 요구르트 80g(1통),
사과 30g(손질 전 40g, 1/5개)

1 사과는 껍질과 씨를 제거하고
사방 0.5cm 크기로 다진다.

2 플레인 요구르트에
사과를 넣어 섞는다.

Tip
바나나 대신 바나나구이(99쪽),
멜론 대신 멜론구이(98쪽)를 곁들여도 좋아요.

Tip
사과 대신 사과조림(141쪽)이나
사과구이(97쪽)를 곁들여도 좋아요.

❋ 고구마요구르트

🥣 1회분 ⏱ 15~25분

떠먹는 플레인 요구르트 80g(1통),
고구마 30g(또는 감자, 1/6개)

1 고구마는 껍질을 벗기고
　사방 2cm 크기로 썬다.
2 냄비에 고구마와 고구마가 잠길 만큼의
　물을 붓고 센 불에서 끓인다.
　끓어오르면 5~7분간 더 삶아 건진다.
　＊젓가락으로 찔러 상태 확인
3 고구마를 절구에
　넣어 으깬다.
　＊곱게 다져도 좋다.
4 플레인 요구르트에
　고구마를 넣어 섞는다.

❋ 살구요구르트

🥣 1회분 ⏱ 5~15분

떠먹는 플레인 요구르트 80g(1통),
살구 30g(손질 전 40g, 1개)

1 살구는 껍질과 씨를 제거하고
　사방 0.5cm 크기로
　다진다.
2 플레인 요구르트에
　살구를 넣어 섞는다.

Tip ----------------------------------

살구 대신 살구구이(97쪽)를 곁들여도 좋아요.

* 단호박요구르트

🥣 1회분　⏱ 15~25분

떠먹는 플레인 요구르트 80g(1통),
단호박 10g(손질 전 30g, 1/25개)

1　단호박은 숟가락으로 씨를 제거하고
　칼을 위에서 아래로 내려가며
　껍질을 벗겨 사방 2cm 크기로 썬다.

2　냄비에 단호박과 단호박이 잠길 만큼의
　물을 붓고 센 불에서 끓인다.
　끓어오르면 5~7분간 더 삶아 건진다.

3　단호박을 한 김 식혀 절구에 넣어
　으깬다. ★곱게 다져도 좋다.

4　플레인 요구르트에
　단호박을 넣어 섞는다.

* 포도요구르트

🥣 1회분　⏱ 10~20분

떠먹는 플레인 요구르트 80g(1통),
포도 30g(껍질과 씨 제거 전 60g, 10~15알)

1　포도를 깨끗이 씻는다.

2　껍질을 벗겨 2등분하고 씨를 제거한 후
　곱게 다진다. ★포도알이 클 경우
　아이가 먹다가 목에 걸릴
　수 있으니 곱게 다지는
　것이 좋다.

3　플레인 요구르트에
　포도를 넣어 섞는다.

Tip

포도 대신 포도조림을 곁들여도 좋아요.
믹서에 손질한 포도(50g)와 물(1큰술)을
넣어 1분간 곱게 갈아 팬에 넣고
약한 불에서 2분간 저어가며 조리세요.

바나나요구르트

🥣 1회분 🕐 5~15분

□ 떠먹는 플레인 요구르트
　80g(1통)
□ 바나나 30g(1/3개)

1 바나나는 껍질을 벗기고 끝을
잘라낸 후 칼 옆면으로 으깬다.
*사방 2cm 크기로 썰어도
좋다.

2 플레인 요구르트에
바나나를 넣어 섞는다.

Tip

치즈는 유기농 아기용 치즈로 구입하되 성분 표시를 꼭 확인하세요
첨가물은 적게 들어갈수록 좋습니다. 자칫 짤 수 있으니 저염 치즈로 구입하세요.

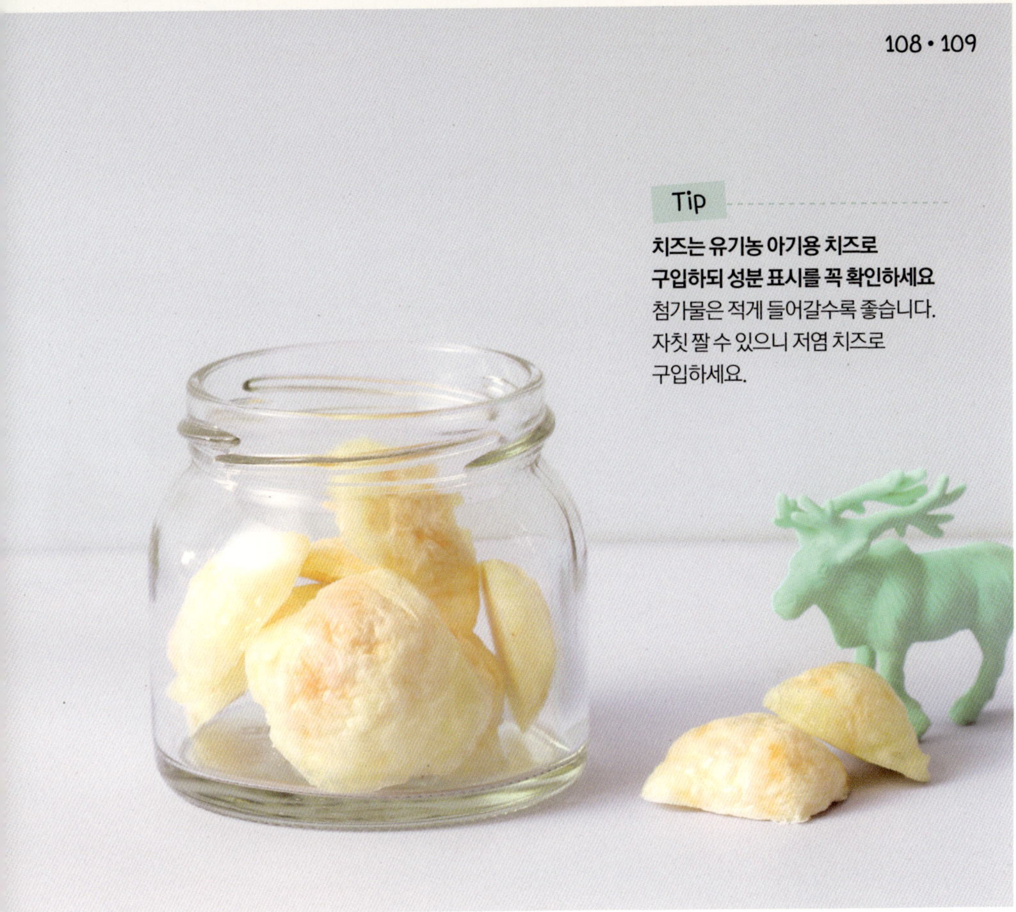

치즈볼

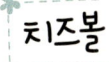

2~3회분 5~15분

□ 아기용 저염 슬라이스 치즈 1장(20g)

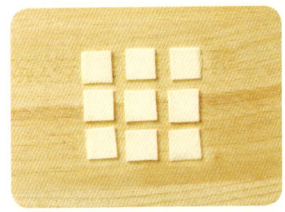

1 슬라이스 치즈는 9등분한다.

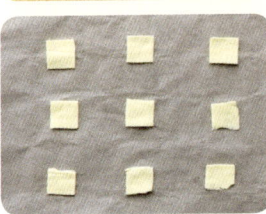

2 종이 포일 위에 간격을 넓게 두고 치즈를 올린다. 전자레인지(700W)에서 부풀어 오를 때까지 1분 30초간 돌린 후 한 김 식힌다.

감자 치즈 치킨볼

5가지 채소스틱

❝후기 이유식으로 접어들면 아기들은 자꾸만 손으로
집어 먹으려고 해요. 그럴 때 좋은 것이 바로 핑거 푸드 이유식이에요.
볼은 동글동글 작게 빚고 채소스틱은 길쭉길쭉 길게 잘라
아기가 잡고 먹을 수 있게 만들어주세요.❞

감자 치즈 치킨볼

⏷ 약 50개분 ⏱ 35~45분
🅐 냉장 3일

☐ 감자 90g(약 1/2개)
☐ 닭가슴살 20g
　(1/5쪽, 또는 닭안심 약 1쪽)
☐ 아기용 저염 슬라이스 치즈
　1/2장(10g)

1 감자는 껍질을 벗기고
사방 2cm 크기로 썬다. 냄비에
감자와 감자가 잠길 만큼의
물을 붓고 센 불에서 끓인다.
끓어오르면 5분간 더 삶아
건진다. 물은 그대로 둔다.

2 ①의 냄비에 닭가슴살을 넣어
센 불에서 끓어오르면 5분간 삶은
후 건진다. 볼에 감자를 넣어 으깬
후 치즈를 찢어 넣고 뜨거울 때
섞는다. 닭가슴살은 한 김 식혀
사방 0.2cm 크기로 곱게 다진다.

3 ②의 볼에 닭가슴살을 넣고
섞은 후 1/3작은술씩 떼어
지름 1cm 크기의 동그란
모양을 만든다.

5가지 채소스틱

⏷ 1회분 ⏱ 10~20분
🅐 냉장 2~3일

☐ 모둠 채소
　(고구마, 당근, 감자,
　비트, 오이 등) 110g

1 냄비에 물(600㎖)을 넣어
끓인다. 채소는 껍질을 제거한
후 엄마 검지(1×1×7cm)
크기로 썬다. ★오이 씨는
제거하는 것이 좋다.

2 냄비에 채소를 넣고
중간 불에서 4~5분간 익힌다.
★비트는 따로 익혀야 다른
채소에 물이 들지 않는다.

Tip

1 완료기가 되어 아기가 단맛을 원한다면 당근과 비트(또는 무)를 삶을 때 아가베 시럽이나
유기농 황설탕을 조금 넣고 삶으세요. 당근에 단맛을 첨가하면 단호박과 비슷한 맛이 난답니다.
2 채소스틱은 너무 오래 익히면 부스러지거나 아삭한 식감이 없어지니 주의하세요.

고구마 건포도볼

"아기가 먹을 간식을 만든다는 생각에 처음에는 손톱만 한 크기로
작게 동글동글 빚지만, 빚다 보면 점점 볼 크기가 커지더라고요.
세상에 쉬운 일은 없어요. 마지막 한 개까지 화이팅!"

🥣 약 50개분
🕐 35~45분
❄ 냉장 3일

☐ 고구마 100g(1/2개)
☐ 건포도 1큰술(10g, 10개)
☐ 포도씨유(또는 식용유)
　　1/2작은술

1 고구마는 껍질을 제거하고
　사방 2cm 크기로 썬다.
　냄비에 고구마와 고구마가
　잠길 만큼의 물을 붓고
　센 불에서 끓인다.

2 끓어오르면 5~7분간 더 삶아
　건진다. 물은 그대로 둔다.
　★ 젓가락으로 찔러 상태 확인

3 ②의 냄비에 건포도를 넣고
　중간 불에서 1분간 데쳐
　체로 건진다. 사방 0.2cm
　크기로 곱게 다진다.

4 볼에 고구마를 넣어 으깬 후
　건포도를 넣고 섞는다. 반죽을
　1/3작은술씩 떼어 지름 1cm
　크기의 동그란 모양을 만든다.
　★ 수분이 많은 반죽은 손에
　물을 묻히면 잘 붙지 않는다.

5 달군 팬에 포도씨유를 두르고
　키친타월로 닦듯이 바른 후
　④를 넣어 약한 불에서 2분간
　젓가락으로 살살 굴려가며
　노릇하게 굽는다. ★ 팬 크기에
　따라 나눠 구워도 좋다.

Tip
건포도는 유기농으로 구입하고, 성분 표시를 꼭 확인하세요.
당이나 첨가물이 들어 있지 않은 건포도 100%가 좋습니다.

"외출 시 간단하게 가지고 나갈
이유식이나 간식이 고민될 때 핑거푸드 볼을 만들어가세요.
아기가 혼자 집어 먹을 수도 있어 편하답니다."

❋ 감자 치즈볼

🍲 약 50개분 🕐 30~40분
🧊 냉장 3일

☐ 감자 100g(1/2개)
☐ 아기용 저염 슬라이스 치즈
 1/2장(10g)

1 감자는 껍질을 벗기고
사방 2cm 크기로 썬다.
냄비에 감자와 감자가 잠길
만큼의 물을 붓고 센 불에서
끓인다. 끓어오르면
5~7분간 더 삶아 건진다.

2 볼에 감자를 넣어 으깬 후
치즈를 찢어 넣고 뜨거울 때
섞는다. 1/3작은술씩 떼어
지름 1cm 크기의
동그란 모양을 만든다.

❋ 감자 치즈 당근볼

🍲 약 50개분 🕐 35~45분
🧊 냉장 3일

☐ 감자 100g(1/2개)
☐ 당근 10g
 (지름 4cm, 두께 0.5cm)
☐ 아기용 저염 슬라이스 치즈
 1/2장(10g)

1 감자와 당근은 껍질을 벗긴다.
감자는 사방 2cm 크기로 썬다.
냄비에 감자와 당근, 잠길
만큼의 물을 붓고 센 불에서
끓인다. 끓어오르면
5~7분간 더 삶아 건진다.

2 볼에 감자를 넣어 으깬 후
치즈를 찢어 넣고 뜨거울 때
섞는다. 당근은 곱게 다진다.

3 ②의 볼에 당근을 넣어 섞은 후
1/3작은술씩 떼어 지름
1cm의 동그란 모양을 만든다.

 Tip

1 감자가 뜨거울 때 치즈를 넣어야 치즈가 잘 녹는답니다.
2 당근은 곱게 다져야 잘 뭉쳐져요.
3 완성한 볼은 고구마 건포도볼처럼 구워 먹어도 좋아요.

감자 치즈 브로콜리볼

감자 치즈 비트볼

"핑거 푸드 볼에 여러 가지 채소와 치즈, 고기를 섞어보세요.
근사한 한 끼 이유식이 됩니다. 아기가 숟가락을 거부하고
손으로 집어 먹고 싶어 할 때는 볼로 빚어주고,
그렇지 않을 때는 숟가락을 이용해 떠먹여도 돼요."

감자 치즈 브로콜리볼

🥣 약 50개분 ⏱ 35~45분
❄ 냉장 3일

☐ 감자 100g(1/2개)
☐ 브로콜리 10g
 (꽃 부분, 3×3cm)
☐ 아기용 저염 슬라이스치즈
 1/2장(10g)

1 감자는 껍질을 벗기고
사방 2cm 크기로 썬다.
냄비에 감자와 브로콜리,
그리고 잠길 만큼의 물을 붓고
센 불에 끓인다. 끓어오르면
5~7분간 더 삶아 건진다.

2 볼에 감자를 넣어 으깬 후
치즈를 찢어 넣고 뜨거울 때
섞는다. 브로콜리는 사방
0.2cm 크기로 곱게 다진다.

3 ②의 볼에 브로콜리를 넣어
섞는다. 반죽을 1/3작은술씩
떼어 지름 1cm 크기의
동그란 모양을 만든다.

감자 치즈 비트볼

🥣 약 50개분 ⏱ 35~45분
❄ 냉장 3일

☐ 감자 100g(1/2개)
☐ 비트 10g
☐ 아기용 저염 슬라이스 치즈
 1/2장(10g)

1 감자는 껍질을 벗기고 사방
2cm 크기로 썬다. 냄비에
감자와 감자가 잠길 만큼의
물을 붓고 센 불에서 끓인다.
끓어오르면 5~7분간 더 삶아
건진다. 물은 그대로 둔다.

2 ①의 냄비에 비트를 넣어
끓인다. 끓어오르면 센 불에서
3~4분간 삶은 후 건진다.
＊젓가락으로 찔러 상태 확인

Tip

비트와 감자를 같이 삶으면
감자에 비트물이 들어
**색깔이 너무 진해질 수 있으니
각각 삶으세요.**
도마에 종이 포일을 깔고 비트를
다지면 비트물이 들지 않아요.

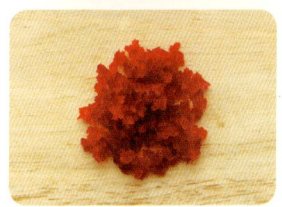

3 볼에 감자를 넣어 으깬 후 치즈를
찢어 넣고 뜨거울 때 섞는다.
비트는 0.2cm 크기로 곱게
다져 감자와 섞는다. 반죽을
1/3작은술씩 떼어 지름 1cm
크기의 동그란 모양을 만든다.

🌸 고구마 시금치 치즈볼

🍲 약 50개분　🕐 20~30분　📦 냉장 3일

고구마 100g(1/2개), 시금치(잎 부분) 10g,
아기용 저염 슬라이스 치즈 1/2장(10g),
포도씨유(또는 식용유) 1/2작은술

1 고구마는 삶아서 볼에 담아 으깬 후 치즈를
　넣고 뜨거울 때 섞는다. 물은 그대로 둔다.

2 ①의 냄비에 시금치를 넣고
　센 불에서 1분간 데친 후 곱게 다진다.

3 ①의 볼에 시금치를 넣어 섞은 후
　1/3작은술씩 떼어 지름 1cm 크기의
　동그란 모양을 만들어 굽는다
　(오른쪽 Tip 2 참고).

🌸 고구마 쇠고기볼

🍲 약 50개분　🕐 20~30분　📦 냉장 3일

고구마 90g(1/2개), 쇠고기 15g(안심,
사방 약 2.5cm), 양파 5g(사방 약 2.5cm),
포도씨유(또는 식용유) 1/2작은술

1 고구마는 삶은 후 볼에 담고 뜨거울 때 으깬다
　(오른쪽 Tip 1 참고). 물은 그대로 끓여
　쇠고기와 양파를 넣고 센 불에서
　2분간 삶은 후 양파를 건진다.

2 쇠고기는 5분간 더 삶아 건진다.
　쇠고기와 양파는 곱게 다진다.

3 ①의 고구마에 쇠고기와
　양파를 넣어 섞은 후
　1/3작은술씩 떼어
　지름 1cm 크기의
　동그란 모양을 만들어
　굽는다(오른쪽
　Tip 2 참고).

고구마 채소볼

🥣 약 50개분　🕐 20~30분　❄ 냉장 3일

고구마 100g(약 1/2개),
양파 5g(사방 약 2.5cm, 또는 시금치 잎 부분 등),
당근 5g(사방 1cm, 또는 브로콜리 꽃 부분 등),
포도씨유(또는 식용유) 1/2작은술

1 고구마는 삶은 후 볼에 담고 뜨거울 때 으깬다
（아래 Tip 1 참고). 물은 그대로 둔다.
2 양파와 당근은 곱게 다진 후 ①의 냄비에 넣고
센 불에서 3분간 삶아 건진다.
★채소는 다양하게 응용해도 좋다(총량 10g).
양파와 당근은 삶은 후 다져도 좋다.
3 ①의 볼에 양파와 당근을
넣어 섞은 후 1/3작은술씩
떼어 지름 1cm 크기의
동그란 모양을 만들어
굽는다(아래 Tip 2 참고).

고구마 바나나볼

🥣 약 50개분　🕐 20~30분　❄ 냉장 3일

고구마 90g(1/2개), 바나나 20g(1/5개),
포도씨유(또는 식용유) 1/2작은술

1 고구마는 삶아 볼에 담고 뜨거울 때
으깬다(아래 Tip 1 참고).
바나나는 사방 0.3cm로 다진다.
2 고구마를 1/3작은술씩 넓게 펼쳐
바나나를 넣고 감싼 후 지름 1cm 크기의
동그란 모양을 만들어 굽는다
（아래 Tip 2 참고).
★바나나는 색이 변하니
먹기 직전에 만든다.

Tip

1 **고구마 삶기** 껍질을 제거하고 사방 2cm 크기로 썬 후 냄비에 고구마와 고구마가 잠길 만큼의 물을 붓고
센 불에서 끓인다. 끓어오르면 5~7분간 삶아 건진다.
2 **고구마볼 굽기** 달군 팬에 포도씨유를 두르고 키친타월로 닦듯이 바른 후 반죽을 넣어 약한 불에서
2분간 젓가락으로 살살 굴려가며 노릇하게 굽는다. ★손에 물을 묻히며 반죽하면 반죽이 붙지 않는다.
수분이 적은 밤고구마라 잘 뭉쳐지지 않을 경우 아기용 치즈 1/2장을 넣어도 좋다.

"밀가루를 넣지 않은 아기용 과자예요.
재료도 간단하고 만드는 법도 쉽답니다. 작게 동글동글 빚는 과정은
조금 번거롭긴 하지만 신나게 먹을 아기를 생각하며
즐겁게 빚어주세요. 외출용으로도 좋은 간식이에요."

감자달걀볼

달걀볼

✿ 달걀볼

🍲 2~3회분 ⏱ 40~50분
📦 냉장 3~5일

□ 삶은 달걀노른자 2개
□ 시판 감자 전분 2큰술(16g)
□ 모유(또는 분유) 1과 1/2큰술

1 오븐을 180℃(미니 오븐 동일)로 예열한다. 볼에 삶은 달걀노른자를 넣어 으깬 후 감자 전분과 모유를 넣고 한 덩어리로 반죽한다. ★모유는 농도를 조절하며 조금씩 넣는다.

2 반죽을 떼어 지름 1cm 크기의 동그란 모양을 만든다. 오븐 팬에 반죽을 올리고 180℃로 예열된 오븐의 가운데 칸에서 15분간 구운 후 식힌다.

✿ 감자 달걀볼

🍲 2회분 ⏱ 40~50분
📦 냉장 3~5일

□ 감자 40g(1/5개)
□ 삶은 달걀노른자 1개
□ 시판 감자 전분 2큰술(16g)
□ 모유(또는 분유) 1과 1/2큰술

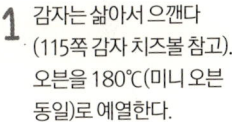

1 감자는 삶아서 으깬다 (115쪽 감자 치즈볼 참고). 오븐을 180℃(미니 오븐 동일)로 예열한다.

2 ①의 볼에 삶은 달걀노른자를 넣어 으깬 후 감자 전분과 모유를 넣고 한 덩어리로 반죽한다. ★모유는 농도를 조절하며 조금씩 넣는다.

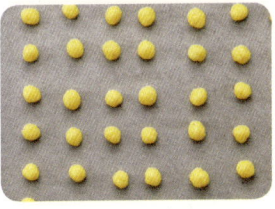

3 반죽을 떼어 지름 1cm 크기의 동그란 모양을 만든다. 오븐 팬에 반죽을 올리고 180℃로 예열된 오븐의 가운데 칸에서 15분간 구운 후 식힌다.

Tip

1 달걀은 실온에 20~30분간 두었다가 삶으면 잘 깨지지 않아요. 냄비에 달걀과 달걀이 잠길 만큼의 물을 붓고 센 불에서 끓어오르면 중간 불로 12분간 삶은 후 찬물에 담가 껍데기를 벗기세요.

2 오븐으로 구울 때는 집집마다 오븐 온도가 다르니 구워지는 정도를 확인하세요. 오븐 대신 두꺼운 팬에 종이 포일을 깔고 뚜껑을 덮어 약한 불에서 15~20분간 중간중간 굴려가며 구워도 돼요.

*단호박 사과수프

"단호박 사과수프는 입맛이 없는 아기에게 특히 좋은 간식이에요.
감기와 변비에도 좋답니다.
아기가 혼자 떠먹고 싶어 할 때는 과감하게 그러라고 하세요.
먹는 것보다 여기저기에 다 묻히면서 흘리는 게 더 많아
엄마는 치우느라 힘들겠지만 아기는 온몸으로 세상을 느낄 테니까요."

🥣 **2회분**
🕐 **25~35분**

☐ 단호박 60g
　　(손질 전 80g, 1/15개)
☐ 사과 30g
　　(손질 전 40g, 1/5개)
☐ 양파 20g(1/10개)
☐ 모유 100㎖
　　(또는 분유, 1/2컵)

1 단호박은 숟가락으로
　　씨를 제거하고 껍질을 벗겨
　　사방 2cm 크기로 썬다.
　　사과는 껍질과 씨를 제거한다.
　　사과와 양파는 사방 2cm
　　크기로 썬다.

2 냄비에 단호박과 단호박이
　　잠길 만큼의 물을 붓고
　　센 불에서 5~7분간 삶은 후
　　건진다. 물은 그대로 둔다.
　　★젓가락으로 찔러 상태 확인

3 ②의 냄비에 사과를 넣고
　　센 불에서 끓인다. 끓어오르면
　　5분 후 양파를 넣고 2분간
　　더 삶은 다음 건져 사방 0.5cm
　　크기로 다진다.

4 절구에 단호박을 넣어 으깬다.

5 ③의 냄비를 씻어 모든 재료를
　　넣고 센 불에서 40~50초간
　　끓인다.

Tip

넉넉하게 만들어 여러 번 먹이려면?
수프는 냉장실에서 하루 정도 보관 가능합니다. 넉넉하게 만들어
여러 번 먹이려면 ④번 과정까지 만들어 ③과 섞은 후 보관해두었다가
먹기 직전에 모유(혹은 분유)를 넣고 40~50초간 끓여 먹이세요.

아보카도 오이냉수프

🥣 1회분 ⏱ 10~20분

□ 아보카도 40g
  (손질 전 60g, 1/3개)
□ 오이 40g
  (손질 전 60g, 1/3개)
□ 떠먹는 플레인 요구르트
  30g(1/3통)
□ 생수 50㎖
  (또는 아기용 주스, 1/4컵)

1 오이는 껍질을 벗기고,
길이로 2등분해 씨를 제거한 후
강판에 곱게 간다. 아보카도는
손질해(42쪽 참고) 칼 옆면으로
덩어리지지 않게 으깬다.

2 볼에 아보카도와 오이,
생수를 넣어 섞은 후
플레인 요구르트와 섞는다.

Tip

아보카도는 껍질이 검고
꼭지가 밝은 것으로 고르세요.
꼭지 부분을 눌렀을 때 살짝
들어가고, 묵직한 것이 좋습니다.
과육이 갈변되었다면 그 부분만
잘라내고 사용하세요.

아보카도 콜리플라워냉수프

🍚 1회분   ⏱ 15~25분

□ 아보카도 50g
   (손질 전 70g, 1/3개)
□ 콜리플라워 40g
   (꽃 부분, 3×3cm 4개)
□ 양파 20g(1/10개)
□ 모유 100㎖
   (또는 분유, 1/2컵)

1 끓는 물(600㎖)에
콜리플라워를 넣어 끓인다.
끓어오르면 5분 후 양파를 넣고
2분간 삶아 건진다.
콜리플라워와 양파는
사방 0.5cm 크기로 다진다.

2 아보카도는 손질해(42쪽
참고) 칼 옆면으로 덩어리지지
않게 으깬다. ①의 냄비를 씻어
모든 재료를 넣고 센 불에서
40~50초간 저어가며 끓인다.

감자 파수프

"감자와 파는 감기에 좋은 재료에요. 이렇게 수프로 만들면
감기에 걸려 입맛이 없는 아기에게
아주 좋은 이유식 간식이 된답니다."

🥣 1회분
🕐 15~25분

☐ 감자 80g(2/5개)
☐ 대파 30g
　(흰 부분, 10cm 3대)
☐ 모유 100㎖
　(또는 분유, 1/2컵)

1 감자는 껍질을 벗기고
사방 2cm 크기로 썬다.
냄비에 감자와 감자가
잠길 만큼의 물을 붓고
센 불에서 끓인다.

2 끓어오르면 4분 후 대파를 넣고
3분간 더 삶아 건진다.

3 감자는 절구에 넣어 으깨고,
대파는 곱게 다진다.

4 ②의 냄비를 씻어 모든 재료를
넣고 센 불에서 40~50초간
저어가며 끓인다.

Tip

아기의 목이 많이 부어서 잘 먹지 못할 때는?
④의 과정에서 모유를 넣고 믹서에 간 후 끓이거나,
완성한 감자 파수프를 체에 한 번 내려서 먹이면 좋아요.

브로콜리 치즈수프

🍚 1회분   ⏱ 15~25분

브로콜리 80g(꽃 부분, 3×3cm 8개),
양파 30g(1/7개), 모유 100㎖(또는 분유, 1/2컵),
아기용 저염 슬라이스 치즈 1장(20g)

1 끓는 물(600㎖)에 브로콜리를 넣고 끓인다.
   끓어오르면 중간 불로 줄여 5분 후
   양파를 넣고 2분간 더 삶아 건진다.
2 푸드 프로세서(또는 믹서)에 브로콜리와
   양파, 모유를 넣어 1분간 곱게 간다.
   치즈는 사방 2cm 크기로 찢는다.
3 ①의 냄비를 씻어 ②와 치즈를 넣고
   센 불에서 1분~1분 30초간
   치즈가 녹을 때까지
   저어가며 끓인다.

멜론 오이냉수프

🍚 1회분   ⏱ 10~20분

멜론 과육 70g(사방 약 5cm),
오이 40g(손질 전 60g, 1/3개),
아기용 사과주스 100㎖(1/2컵)

1 오이는 껍질을 벗기고 길이로 2등분해
   씨를 제거한 후 강판에 간다.
2 멜론은 강판에 간다. 남은 섬유질은
   잘게 다진다.
3 볼에 모든 재료를
   넣어 섞는다.

대추 고구마수프

🥣 1회분 🕐 20~30분

고구마 80g(2/5개), 대추 20g(5개),
모유 100㎖(또는 분유, 1/2컵)

1 고구마는 껍질을 벗기고 사방 2cm로 썬다.
대추는 씻은 후 돌려 깎아 씨를 제거한다.

2 냄비에 고구마와 대추, 그리고 잠길 만큼의
물을 붓고 센 불에서 끓인다.
끓어오르면 5~7분간 더 삶아 건진다.

3 고구마는 절구에 넣어 으깨고
대추는 숟가락 뒷부분으로 눌러 체에 내린다.

4 ②의 냄비를 씻어 모든 재료를 넣고
센 불에서 40~50초간 저어가며 끓인다.

★대추 씻는 법 55쪽 참고

사과수프

🥣 1회분 🕐 15~25분

사과 90g(손질 전 100g, 1/2개),
양파 20g(1/10개),
모유 100㎖(또는 분유, 1/2컵)

1 끓는 물(400㎖)에 양파를 넣고
센 불에서 2분간 삶아 건진다.
사방 0.5cm 크기로 다진다.

2 사과는 껍질과 씨를 제거하고 강판에 간다.

3 ①의 냄비를 씻어 모든 재료를 넣고
센 불에서 40~50초간
저어가며 끓인다.

★기호에 따라 차갑게
식혀 먹여도 좋다.

수박젤리

"색도 예쁘고 맛도 좋아서 인기 만점인 수박젤리!
냉장실에 보관했다가 시원하게 먹여도 좋아요.
만드는 방법도 간단하니 부담 없이 시도해보세요.
아기가 조금 더 크면 단맛을 첨가해서 만들어보세요.
아기도 어른도 함께 즐길 수 있을 거예요."

🥣 2~3회분
🕐 10~20분(+ 굳히기 30분)

□ 수박 250㎖
　　(과육 280g, 손질 전 350g)
□ 한천 가루 2작은술(4g)

1 수박은 껍질과 씨를 제거한다.

2 2~3등분한 후 강판에 간다.

3 강판에 간 수박을 체에 밭쳐
국물을 준비한다.
★ 체에 내리지 않고 과육을
사용해도 좋다.

4 냄비에 수박즙과 한천을 넣어
섞은 후 저어가며 중간 불에서
끓인다. 끓어오르면 약한 불로
줄여 1~2분간 더 저어가며
끓인다.

5 ④를 틀에 붓고 실온에서 30분
이상 굳힌 후 냉장 보관한다.

 Tip

젤리, 실패 없이 만드는 방법은?
젤리 만들 때 꼭 필요한 한천 가루는 대형 마트의 베이킹 코너에서 쉽게 구할 수 있어요.
젤리를 만들 때는 실리콘 주걱을 사용하면 바닥까지 잘 저을 수 있어서 좋답니다. 젓다가 약간 묵직한 느낌이
들면 다 된 거예요. 틀에 넣어 만드는 경우에는 틀에 물을 뿌린 후 젤리를 넣어 굳히면 쉽게 꺼낼 수 있어요.

🌼 사과젤리

🍚 1~2회분   ⏱ 10~20분(+ 굳히기 30분)

사과즙 250㎖(또는 아기용 사과주스,
1과 1/4컵), 한천 가루 2작은술(4g),
사과 10g(과육, 생략 가능)

1 사과(10g)는 사방 0.3cm 크기로 다진다.
2 냄비에 사과즙과 한천 가루를 넣어 섞은 후
   저으면서 중간 불에서 끓인다.
   끓어오르면 약한 불로 줄여 1~2분간
   더 저어가며 끓인다.
3 틀에 다진 사과를 넣고
   ②를 부어 실온에서
   30분 이상 굳힌 후
   냉장 보관한다.

Tip

시판 아기용 주스나 100% 사과즙으로
만들어도 좋아요. 사과 조각은 선택 사항으로,
생략해도 됩니다.

🌼 배젤리

🍚 1~2회분   ⏱ 10~20분(+ 굳히기 30분)

배 300g(또는 배즙 250㎖, 1과 1/4컵)
한천 가루 2작은술(4g)

1 배는 껍질과 씨를 제거하고 강판에 간다.
2 냄비에 배와 한천 가루를 넣어 섞은 후
   저으면서 중간 불에서 끓인다. 끓어오르면
   약한 불로 줄여 1~2분간 더 저어가며 끓인다.
3 틀에 ②를 부어 실온에서 30분 이상
   굳힌 후 냉장 보관한다.

Tip

시판 배즙을 사용해도 되고, 대추퓌레를 섞어서
만들어도 좋아요. 대추퓌레는 대추 10알을
깨끗이 씻어 끓는 물에 삶은 후 체에 내리세요.

멜론젤리

🍲 1회분 ⏱ 10~20분(+ 굳히기 30분)

멜론즙 250㎖(1과 1/4컵, 과육 약 300g),
한천 가루 2작은술(4g)

1 멜론은 껍질과 씨를 제거하고 3~5등분한다.
강판에 갈아 체에 밭친다.
　＊체에 밭치는 과정은 생략해도 좋다.
2 냄비에 멜론과 한천 가루를 넣어 섞은 후
저으면서 중간 불에서 끓인다.
끓어오르면 약한 불로 줄여 1~2분간
더 저어가며 끓인다.
3 틀에 ②를 부어 실온에서
30분 이상 굳힌 후
냉장 보관한다.

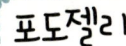

포도젤리

🍲 1회분 ⏱ 5~15분(+ 굳히기 30분)

포도주스 250㎖(아기용 포도주스 또는
포도즙 1과 1/4컵), 한천 가루 2작은술(4g)

1 냄비에 포도주스, 한천 가루를 넣어
섞은 후 저으면서 중간 불에서 끓인다.
끓어오르면 약한 불로 줄여
1~2분간 더 저어가며 끓인다.
2 틀에 ①을 부어 실온에서
30분 이상 굳힌 후
냉장 보관한다.

Tip

물 100㎖(1/2컵)에 한천 가루 2g을 넣어 섞으면 탱글탱글한 질감의 젤리를 만들 수 있어요.
또, 물 100㎖(1/2컵)에 한천 가루 1g을 넣어 섞으면 부드러운 질감의 푸딩을 만들 수 있답니다.
다양한 주스를 이용해 나만의 독특한 젤리를 만들어 보세요.

단호박양갱

호박고구마양갱

"양갱은 포크로 콕 찍어 먹거나
손으로 집어 먹기 좋고
외출용으로도 좋은 영양 간식이에요.
만드는 방법도 간단해서 누구나 쉽게
도전할 수 있답니다. 이 레시피에
당류를 첨가해서 만들면 어른용이나
선물용으로도 손색이 없어요."

단호박양갱

🥣 2~3회분
🕐 30~40분(+ 굳히기 1시간)
🧊 냉장 3~4일

☐ 단호박 180g
　(손질 전 200g, 1/4개)
☐ 물 100㎖(1/2컵)
☐ 모유 50㎖(또는 분유, 1/4컵)
☐ 한천 가루 1작은술(2g)

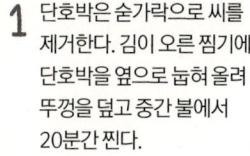

1 단호박은 숟가락으로 씨를 제거한다. 김이 오른 찜기에 단호박을 옆으로 눕혀 올려 뚜껑을 덮고 중간 불에서 20분간 찐다.

2 단호박은 속을 파낸 후 절구에 넣어 으깬다. 냄비에 물과 한천 가루를 넣어 섞은 후 센 불에서 저어가며 끓인다.

3 끓어오르면 약한 불로 줄여 저어가며 30초, 단호박과 모유를 넣어 1~2분간 더 저어가며 끓인다. 틀에 부어 실온에서 1시간 이상 굳혀 먹기 좋게 썬다.

호박고구마양갱

🥣 2~3회분
🕐 30~40분(+ 굳히기 1시간)
🧊 냉장 3~4일

☐ 호박고구마 150g
　(또는 밤고구마, 3/4개)
☐ 물 150㎖(3/4컵)
☐ 한천 가루 1작은술(2g)

1 김이 오른 찜기에 호박고구마를 넣고 뚜껑을 덮어 중간 불에서 20분간 찐 후 한 김 식힌다. 호박고구마는 껍질을 제거하고 절구에 넣어 으깬다.

2 냄비에 물과 한천 가루를 넣고 섞어 센 불에서 저어가며 끓인다. 끓어오르면 약한 불로 줄여 저어가며 30초, 호박고구마를 넣어 1~2분간 더 저어가며 끓인다. 틀에 부어 실온에서 1시간 이상 굳혀 먹기 좋게 썬다.

Tip

양갱, 실패 없이 만드는 방법은?
양갱을 끓일 때는 계속 저어가면서 끓여야 한천이 덩어리지지 않아요. 틀에 물을 묻힌 후 양갱을 부어
굳히면 꺼내기가 더 쉬워요. 강낭콩, 검은콩 등의 콩을 삶아 으깨 넣으면 콩양갱이 된답니다.
완료기 이후에는 유기농 설탕이나 아가베 시럽을 넣어 단맛을 첨가해도 좋아요.

"하나는 굳히는 방식, 다른 하나는 찌는 방식의 푸딩이에요.
작은 틀에 넣어 만들면 외출할 때 들고 나가기에도 좋은 간식이랍니다.
과일의 건강한 단맛이 아이의 입을 즐겁게 해줄 거예요."

요구르트 푸룬푸딩　　　　　　　　　　　두부 과일푸딩

요구르트 푸룬푸딩

🥣 1회분
🕐 10~20분(+ 굳히기 1시간)

☐ 떠먹는 플레인 요구르트
　80g(1통)
☐ 씨 없는 건푸룬 2개(20g)
☐ 한천 가루 1작은술(2g)
☐ 물 50㎖(1/4컵)

1 끓는 물(400㎖)에 건푸룬을
넣고 센 불에서 2분간 데친 후
건져 곱게 다진다. 냄비를 씻고
물과 한천을 넣어 섞은 후
약한 불에서 저어가며 끓인다.

2 끓어오르면 저으면서 30초간
더 끓인 후 요구르트와 푸룬을
넣고 센 불에서 1~2분간
저어가며 끓인다. 틀에 부어
실온에서 1시간 이상 굳힌다.

두부 과일푸딩

🥣 1회분　🕐 25~35분

☐ 두부 50g(1/4모)
☐ 바나나 50g(1/2개)
☐ 블루베리 10g(5개)
☐ 달걀노른자 1개
☐ 모유(또는 분유) 1큰술

1 두부는 뜨거운 물을 붓거나
끓는 물에 데친 후 한 김 식힌다.
젖은 면포로 감싸 물기를 꼭
짠 후 볼에 담아 곱게 으깬다.

2 바나나는 껍질을 벗겨 끝을
잘라낸 후 칼 옆면으로 으깬다.
블루베리는 곱게 다진다.

3 ①의 볼에 모든 재료를 넣어
잘 섞은 뒤 틀에 넣는다.
김이 오른 찜기에 올려
종이 포일로 덮고 뚜껑을 덮어
중간 불에서 15분간 찐다.

 Tip

냉동 블루베리를 사용하는 경우
체에 밭쳐 흐르는 물에 씻어 살짝 해동한 후 다져 넣으세요.

"연두부는 아기에게 먹이기 좋은 간단한 간식이에요.
그냥 두부만 먹여도 되지만 거기에 과일 소스를 올려주면
더 맛있게 먹는답니다.
다양한 과일로 엄마만의 소스를 만들어주세요."

배 자두소스 연두부

멜론소스 연두부

✽ 사과소스 연두부

🍚 1회분 🕐 15~25분

□ 연두부 110g(1/2모)
□ 사과 과육 20g(사방 2cm)
□ 양파 5g(사방 약 2.5cm)
□ 물 1큰술

1 냄비에 물(200㎖)을 끓인다.
사과와 양파는 강판에 간다.
체에 연두부를 넣고 끓는 물을
부은 후 그대로 물기를 뺀다.
✱사과 일부는 다져 넣어도 좋다.

2 팬에 연두부를 제외한 모든
재료를 넣고 중간 불에서
끓인다. 끓어오르면 약한 불로
줄여 저어가며 2분간 더
조린 후 연두부에 곁들인다.

✽ 배 자두소스 연두부

🍚 1회분 🕐 10~20분

□ 연두부 110g(1/2모)
□ 배 과육 20g(사방 2cm)
□ 자두 과육(또는 배) 5g
□ 물 1큰술

1 냄비에 물(200㎖)을 끓인다.
배, 자두는 강판에 간다.
체에 연두부를 넣고 끓는 물을
부은 후 그대로 물기를 뺀다.
✱자두는 다져 넣어도 좋다.

2 팬에 연두부를 제외한 모든
재료를 넣고 중간 불에서
끓어오르면 약한 불로 줄여
저어가며 1분 30초간 더
조린 후 연두부에 곁들인다.

✽ 멜론소스 연두부

🍚 1회분 🕐 10~20분

□ 연두부 110g(1/2모)
□ 멜론 과육 25g
　 (4.5×4×2cm)
□ 물 1큰술

1 냄비에 물(200㎖)을 끓인다.
멜론을 강판에 간 후 남은
섬유질은 다진다. 체에 연두부를
넣고 끓는 물을 부은 후 그대로
물기를 뺀다. ✱멜론 일부는
다져 넣어도 좋다.

2 팬에 멜론과 물(1큰술)을
넣고 중간 불에서 끓인다.
끓어오르면 약한 불로 줄여
저어가며 2분간 더 조린 후
연두부에 곁들인다.

"두부는 단백질이 풍부해서 성장기 아기에게도 좋은 재료인데요,
작게 잘라 혼자 집어 먹을 수 있게 만들어주면 손가락 소근육 발달에도 좋답니다."

두부구이

🥣 1회분   ⏱ 15~25분

- ☐ 두부 110g(1/2모)
- ☐ 사과 30g
  (손질 전 40g, 1/5개)
- ☐ 물 2큰술
- ☐ 포도씨유(또는 식용유)
  1/2작은술

1 두부는 끓는 물에 1분간
데친 후 사방 1cm 크기로
썰고 키친타월에 올려 물기를
없앤다. 사과는 껍질과 씨를
제거하고 강판에 간다.

2 달군 팬에 포도씨유를 두르고
키친타월로 닦듯이 바른다.
두부를 넣어 중간 불에서 1분간
그대로 구운 후 살살 굴려가며
2~3분간 구워 그릇에 담는다.

3 ②의 팬을 키친타월로 닦고
사과와 물(2큰술)을 넣어
약한 불에서 4~5분간 저어가며
조린 후 두부구이에 곁들인다.

치즈두부

🥣 1회분   ⏱ 10~20분

- ☐ 두부 110g(1/2모)
- ☐ 아기용 저염 슬라이스 치즈
  1/2장(10g)

1 두부는 끓는 물에 1분간
데친 후 사방 2cm 크기로 썬다.
치즈는 12등분한다.

2 접시에 키친타월을 깔고
두부를 올려 물기를 없앤다.

Tip

두부는 무유전자 변형
식품(GMO-free)으로
고르세요. 국산콩으로
만든 것이나 유기농 제품을
구입하면 됩니다. 첨가물
확인도 잊지 마시고요.

3 내열 용기에 두부를 담고
그 위에 치즈를 올린다.
전자레인지(700W)에서
40~50초간 치즈가
녹을 때까지 돌린다.

고구마찐빵

"동글동글 찐빵을 만들어 아기의 손에 쥐어주세요.
귀엽게 앞니로도 뜯어 먹고, 손으로도 뜯어서 잘 먹을 거예요.
고구마 대신 단호박을, 건포도 대신 푸룬을 넣어 만들어도 돼요.
외출할 때 가지고 나가기에도 좋은 간식이랍니다."

🥣 7개분
🕐 30~40분

☐ 고구마 50g(1/4개)
☐ 밀가루 50g(7큰술)
☐ 건포도 1큰술(10g)
☐ 모유 50㎖
  (또는 분유, 1/4컵)
☐ 베이킹파우더 1/2작은술

1 고구마는 껍질을 벗기고 사방 2cm 크기로 썬다. 냄비에 고구마와 고구마가 잠길 만큼의 물을 붓고 센 불에서 끓인다. 끓어오르면 5~7분간 더 삶아 건진다. 물은 그대로 둔다.

2 고구마는 절구에 넣어 으깬다.

3 ①의 냄비에 건포도를 넣고 센 불에서 1분간 데친다. 체로 건져 곱게 다진다.

4 볼에 모든 재료를 넣어 한 덩어리로 뭉친 후 7등분한다. 지름 4cm 크기의 동그란 모양을 만든 다음 젖은 면포를 깐 찜판에 올린다. ★고구마의 수분에 따라 모유의 양은 가감해도 좋다.

5 김이 오른 찜기에 ④를 올려 뚜껑을 덮고, 중간 불에서 15~20분간 찐다. ★젓가락으로 찔러 반죽이 묻어나지 않으면 잘 익은 것이다.

Tip

베이킹파우더, 이렇게 구입하세요
베이킹파우더는 대형 마트의 베이킹 코너나 온라인에서 쉽게 구할 수 있어요.
주석산 베이킹파우더, 알루미늄 프리 제품을 구입하면 더 안전한 먹거리를 만들 수 있어요.
베이킹소다와 베이킹파우더는 다르니 혼돈하지 마세요.

✿ 요구르트 푸룬찐빵

"밀가루는 유기농 밀가루나 우리밀 밀가루를 사용하세요.
통밀가루를 사용해도 좋은데요. 통밀은 몸에 좋은 대신 식감이 거칠어
아기가 잘 안먹을 수도 있어요. 이 찐빵을 만들 때 주의할 점은
반죽을 너무 많이 섞으면 찐빵이 딱딱해질 수 있다는 거예요.
살짝만 섞도록 하세요. 건푸룬 대신 삶은 콩을 넣어도 맛있어요."

🥣 4개분
🕐 25~35분
❄️ 냉동 7일

☐ 밀가루 100g(1컵)
☐ 떠먹는 플레인 요구르트
  150g(2통)
☐ 씨 없는 건푸룬 1개(10g)
☐ 베이킹파우더 1/4작은술

1 끓는 물(400㎖)에 푸룬을 넣어
센 불에서 2분간 데친다.

2 체로 건져 곱게 다진다.

3 볼에 모든 재료를 넣어 섞은 후
4개의 틀에 나눠 담는다.

4 김이 오른 찜기에 ③을 올려
종이 포일로 덮고 뚜껑을 덮어
중간 불에서 15~20분간 찐다.
★ 젓가락으로 찔러 반죽이
묻어나지 않으면 잘 익은
것이다.

Tip

요구르트는 집에서 만들어도 좋아요
전기를 이용하지 않고도 쉽게 만들 수 있는, 부담 없는 가격의 요구르트
제조기도 많이 있어요. 시판 떠먹는 플레인 요구르트는 유기농 제품이
좋으며, 첨가물과 당이 포함되지 않은 것으로 구입하세요.

당근팬케이크

🍲6개분 ⏱25~35분

당근 50g(1/4개), 밀가루 25g(중력분, 4큰술), 달걀노른자 1개,
모유 50㎖(또는 분유, 1/4컵), 포도씨유(또는 식용유) 1작은술

1 당근은 껍질을 벗겨 사방 2cm 크기로 썬다. 끓는 물(600㎖)에
　당근을 넣어 센 불에서 끓인다. 끓어오르면 5~7분간 더 삶은 후 건져
　사방 0.2cm 크기로 곱게 다진다. ✱젓가락으로 찔러 상태 확인

2 볼에 밀가루와 달걀노른자, 모유를 넣고 섞은 후 당근을 넣어
　한 번 더 섞는다.

3 달군 팬에 포도씨유를 두르고 키친타월로 펴 바른 후 반죽을 1큰술씩 올려
　지름 4cm, 두께 0.5cm 크기의 동글납작한 모양으로 만든다.
　같은 방법으로 5개 더 만든다.

4 약한 불에서 앞뒤로 각각 50초~1분간 노릇하게 굽는다.
　✱팬의 크기에 따라 나눠 굽거나 포도씨유(또는 식용유)가 부족하면 더한다.

고구마팬케이크

🍽 **6개분** 🕐 **25~35분**

고구마 50g(또는 단호박, 호박고구마, 1/4개),
밀가루 25g(중력분, 4큰술), 달걀노른자 1개,
모유 50㎖(또는 분유, 1/4컵), 포도씨유(또는 식용유) 1작은술

1 고구마는 삶아 으깬다(27쪽 고구마퓌레 참고). ⋯⋯⋯

2 볼에 밀가루와 달걀노른자, 모유를 넣어 섞은 후 고구마를 넣어 ⋯⋯
한 번 더 섞는다.

3 달군 팬에 포도씨유를 두르고 키친타월로 펴 바른 후 반죽을 1큰술씩
올려 지름 4cm, 두께 0.5cm 크기의 동글납작한 모양으로 만든다.
같은 방법으로 5개 더 만든다.

4 약한 불에서 앞뒤로 각각 50초~1분간 노릇하게 굽는다.
* 팬의 크기에 따라 나눠 굽거나 포도씨유(또는 식용유)가 부족하면 더한다.

✻ 단호박소스 소면

"아기들마다 다르겠지만 대부분의 아기들이 면류를 좋아해요.
그런 의미에서 단호박소스 소면은 특별식이랍니다.
단호박과 달걀노른자가 부드러운 크림처럼 면에 감겨
달콤하고 고소한 맛을 느낄 수 있을 거예요.
소면은 유기농을 사용하는 것이 좋아요."

🥣 1회분
🕐 20~30분

□ 소면 30g(1/3줌)
□ 단호박 50g
　(손질 전 70g, 1/10개)
□ 양파 20g(1/10개)
□ 달걀노른자 1개
□ 모유 100㎖
　(또는 분유, 1/2컵)

1 끓는 물(600㎖)에 양파를 넣고 센 불에서 2분간 끓인 후 건져 사방 0.5cm 크기로 썬다. 물은 그대로 둔다.

2 단호박은 숟가락으로 씨를 제거한 후 칼을 위에서 아래로 내려가며 껍질을 벗기고 사방 2cm 크기로 썬다.

3 ①의 끓는 물에 단호박을 넣고 센 불에서 5~7분간 끓여 건진다. 절구에 넣어 으깬다. ★젓가락으로 찔러 상태 확인

4 ③의 냄비를 씻어 물(600㎖)을 붓고 센 불에서 끓인다. 끓어오르면 소면을 2등분해 넣는다.

5 다시 끓어오르면 찬물 1/2컵 (100㎖)을 붓고 1분~1분 30초간 더 끓여 체에 밭친다. 흐르는 물에 씻어 물기를 탈탈 턴 후 그릇에 담는다.

6 ⑤의 냄비를 씻어 달걀노른자와 모유를 넣고 섞은 후 단호박과 양파를 넣어 센 불에서 끓인다. 끓어오르면 저어가며 1분간 더 끓인 후 소면에 곁들인다.

Tip

소면은 우리 밀이나 유기농 소면으로 구입하세요. 통밀면도 좋은데요, 찰기가 조금 덜하고 식감이 더 거칠어요. 소면은 파스타면으로 대체해도 됩니다.

✱ 치즈스크램블드 에그

"이유식 만들기도 벅찬데 간식까지 준비하려면 힘이 많이 들지요.
그럴 때 간단하게 금방 만들 수 있는 것이 바로 스크램블드 에그예요.
달걀노른자와 모유(혹은 분유)를 이용해서 쉽게 만들 수 있는데요,
치즈까지 더하면 고소한 맛이 업그레이드된답니다."

1회분
5~15분

- ☐ 달걀노른자 2개
- ☐ 모유(또는 분유) 2큰술
- ☐ 아기용 저염 슬라이스 치즈 1/2장(10g)
- ☐ 포도씨유(또는 식용유) 1/2작은술

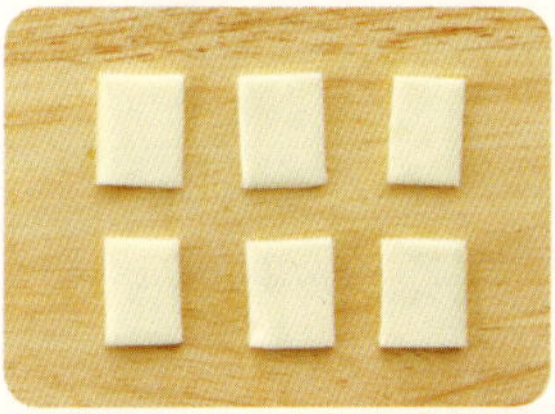

1 슬라이스 치즈는 6등분한다.

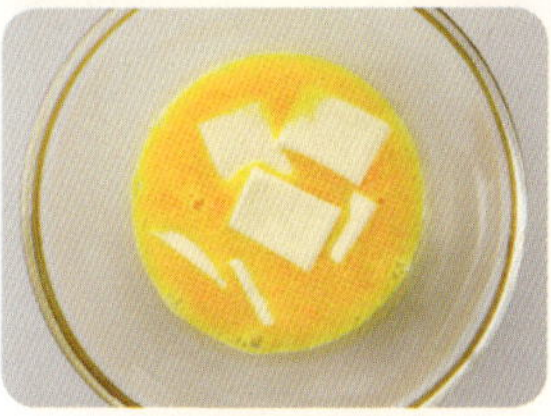

2 볼에 달걀노른자와 모유, 슬라이스 치즈를 넣어 섞는다.

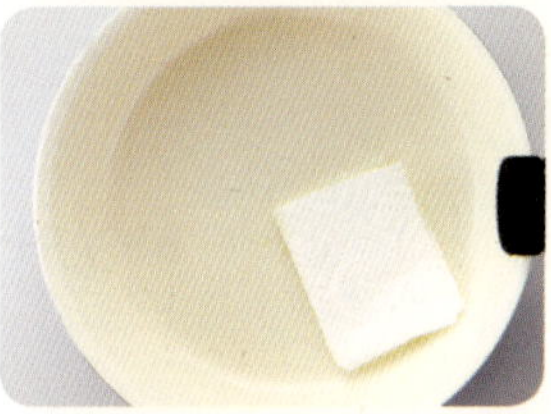

3 달군 팬에 포도씨유를 두르고 키친타월로 닦아 팬 전체에 고루 펴 바른다.

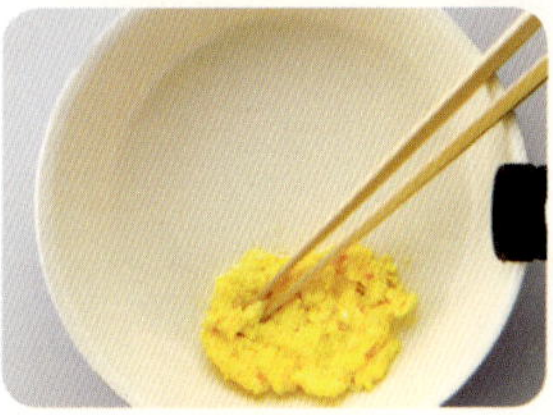

4 팬에 ②를 넣어 약한 불에서 2분간 저어가며 고루 익힌다.

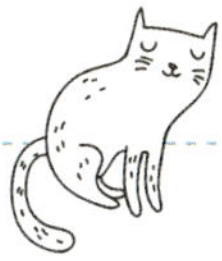

Tip

양이 적기 때문에 팬의 한쪽에서 스크램블드 에그를 만드는 게 좋아요. 약한 불에서 천천히 고루고루 저어가며 익혀야 부드러운 질감의 스크램블드 에그를 만들 수 있답니다.

감자스크램블드 에그

🍚 1회분　🕐 15~25분

달걀노른자 2개, 모유(또는 분유) 2큰술,
감자(또는 고구마, 사방 2cm) 10g,
옥수수 5g(또는 완두콩, 1/2큰술),
포도씨유(또는 식용유) 1/2작은술

1 감자는 삶는다(23쪽 감자퓌레 참고).
2 ①의 냄비에 옥수수를 넣고 1분간 데친 후
체로 건져 곱게 다진다.
3 감자는 사방 0.5cm 크기로 썬다.
볼에 달걀노른자와 모유를 넣어 섞은 후
감자, 옥수수를 넣고 한 번 더 섞는다.
4 달군 팬에 포도씨유를 두르고
키친타월로 닦아
팬 전체에 고루 펴 바른다.
5 팬에 ③을 넣어
약한 불에서 2분간
저어가며 고루 익힌다.

아보카도스크램블드 에그

🍚 1회분　🕐 10~20분

달걀노른자 2개, 모유(또는 분유) 2큰술,
아보카도(과육) 10g,
포도씨유(또는 식용유) 1/2작은술

1 아보카도는 손질해(42쪽 참고)
사방 0.5cm 크기로 썬다.
2 볼에 달걀노른자와 모유를 넣어
섞은 후 아보카도를 넣고
한 번 더 섞는다.
3 달군 팬에 포도씨유를 두르고
키친타월로 닦아 팬 전체에
고루 펴 바른다.
4 팬에 ②를 넣어
약한 불에서 2분간
저어가며 고루
익힌다.

Tip

완두콩을 넣을 경우 끓는 물에 데친 후 껍질을 벗긴 다음 다져서 사용하세요.

*시금치 스크램블드 에그

🍽 1회분 🕐 10~20분

달걀노른자 2개, 모유(또는 분유) 2큰술,
시금치(잎 부분) 10g,
포도씨유(또는 식용유) 1/2작은술

1 끓는 물(400㎖)에 시금치를 넣어
   센 불에서 1분간 데친 후 건진다.
   물기를 뺀 후 곱게 다진다.
2 볼에 달걀노른자와 모유를 넣어
   섞은 후 시금치를 넣고 한 번 더 섞는다.
3 달군 팬에 포도씨유를
   두르고 키친타월로
   닦아 팬 전체에 고루
   펴 바른다.
4 팬에 ②를 넣어
   약한 불에서 2분간
   저어가며 고루 익힌다.

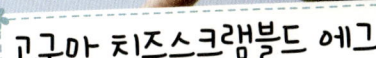

*고구마 치즈 스크램블드 에그

🍽 1회분 🕐 15~25분

달걀노른자 2개, 모유(또는 분유) 2큰술,
고구마(또는 감자, 사방 2cm) 10g,
아기용 저염 슬라이스치즈 1/2장(10g),
포도씨유(또는 식용유) 1/2작은술

1 고구마는 삶는다(27쪽 고구마퓌레 참고).
2 고구마는 0.5cm 크기로 썰고,
   치즈는 6등분한다.
3 볼에 달걀노른자와 모유를 넣어 섞고
   고구마와 치즈를 넣고 한 번 더 섞는다.
4 달군 팬에 포도씨유를 두르고 키친타월로
   닦아 팬 전체에 고루 펴 바른다.
5 팬에 ③을 넣어
   약한 불에서 2분간
   저어가며 고루 익힌다.

채소 스크램블드 에그

🍚 1회분 🕐 15~25분

달걀노른자 2개, 모유(또는 분유) 2큰술,
당근(또는 브로콜리 등) 5g, 양파 5g,
포도씨유(또는 식용유) 1/2작은술

1 끓는 물(400㎖)에 당근을 넣고 센 불에서 끓인다.
끓어오르면 3분 후 양파를 넣어 2분간 더 끓여 건진다.

2 당근과 양파는 사방 0.5cm 크기로 다진다.

3 볼에 달걀노른자와 모유를 넣어 섞은 후
당근과 양파를 넣어 한 번 더 섞는다.

4 달군 팬에 포도씨유를 두르고
키친타월로 닦아 팬 전체에
고루 펴 바른다.

5 팬에 ③을 넣어 약한 불에서
2분간 저어가며 고루 익힌다.

Tip

스크램블드 에그에
이유식을 만들고 남은
자투리 재료를 다양하게
넣어보세요.

바나나스크램블드 에그

🍲 1회분 🕐 10~20분

달걀노른자 2개, 모유(또는 분유) 2큰술,
바나나 10g, 포도씨유(또는 식용유) 1/2작은술

1 바나나는 껍질을 벗기고
　끝을 잘라낸 후 사방 0.5cm 크기로 썬다.
2 볼에 달걀노른자와 모유를 넣어 섞은 후
　바나나를 넣어 한 번 더 섞는다.
3 달군 팬에 포도씨유를 두르고
　키친타월로 닦아 팬 전체에 고루 펴 바른다.
4 팬에 ②를 넣어
　약한 불에서 2분간
　저어가며 고루 익힌다.

사과스크램블드 에그

🍲 1회분 🕐 10~20분

달걀노른자 2개, 모유(또는 분유) 2큰술, 사과
과육 10g, 포도씨유(또는 식용유) 1/2작은술

1 사과는 사방 0.5cm 크기로 썬다.
2 볼에 달걀노른자와 모유를 넣어
　섞은 후 사과를 넣어 한 번 더 섞는다.
3 달군 팬에 포도씨유를 두르고
　키친타월로 닦아 팬 전체에 고루 펴 바른다.
4 팬에 ②를 넣어 약한 불에서
　2분간 저어가며
　고루 익힌다.

✲ 오이 멜론주스

🥣 1회분 🕐 5~15분

멜론(과육) 70g, 오이 30g
(손질 전 40g, 1/5개), 생수 1/2컵(100㎖)

1 멜론과 오이는 껍질과
  씨를 제거하고
  사방 2cm 크기로 썬다.
2 푸드 프로세서(또는 믹서)에
  모든 재료를 넣고
  1분간 곱게 간다.
  ＊체에 걸러 먹여도 좋다.

✲ 사과 포도주스

🥣 1회분 🕐 5~15분

사과 100g(손질 전 120g, 2/3개),
포도 100g(약 1컵, 20~25알)

1 사과는 껍질과 씨를 제거하고, 포도는
  껍질을 벗기고 2등분하여 씨를 제거한다.
2 푸드 프로세서(또는 믹서)에
  모든 재료를 넣어
  1분간 곱게 간다.
3 고운 체에 ②를 올린 후
  숟가락 뒷부분으로
  눌러가며 꼭 짠다.

Tip

체에 거르지 않는 주스를
만들 때는 믹서로 아주 곱게
갈아야 목넘김이 좋아요.
멜론 요구르트스무디는
멜론을 강판에 갈아서
섞어도 되지만, 믹서에 넣어
갈아 만들어도 됩니다.
적은 양을 만들 때는
믹서를 씻는 과정이
더 번거로우니 강판을
사용하세요.

멜론 요구르트스무디

🥣 1회분   🕐 10~20분

멜론(과육) 100g,
떠먹는 플레인 요구르트 40g(1/2통)

1 멜론은 강판에 간다.
　　남은 섬유질은 버린다.
2 볼에 떠먹는 플레인 요구르트,
　　멜론을 넣어 섞는다.

Chapter 04

다양한 음식을 먹기 시작하는
이유식 완료기의 간식

간식 횟수와 분량 1일 2회, 한 회에 130㎖(약 2/3컵, 200㎖ 계량컵 기준)

이유식 횟수와 분량 1일 3회, 한 끼에 120~180㎖

1일 수유량 400~500㎖

만 12개월 이상

돌이 지나면 뭐든 다 먹을 수 있을 거라는 생각에 이것저것
그냥 막 먹이기도 하는데요, 그동안 정성스럽게 이유식을 먹이며 만들어왔던
아기의 건강한 식습관과 입맛을 해치는 일이 될 수 있습니다.
〈아기가 잘 먹는 이유식은 따로 있다〉와 이 책에 소개된 완료기 이유식과 간식을
만들어주세요. 초·중·후기에 만들었던 간식을 완료기에 먹여도 된답니다.

"단백질이 풍부한 건강 간식을 주고 싶다면
닭가슴살로 간식을 만들어보세요.
아기들 밥반찬으로도 좋은 간식이랍니다.
따뜻하게 먹이지 않아도 되니까
외출용 간식으로도 좋아요."

닭가슴살 카레구이

🥣 1회분 ⏱ 15~25분

- ☐ 닭가슴살 1쪽
  (100g, 또는 닭안심 4쪽)
- ☐ 파인애플 링 1개(100g)
- ☐ 버터 1/2큰술
  (또는 포도씨유, 5g)

밑간
- ☐ 포도씨유(또는 식용유)
  1/2큰술
- ☐ 카레 가루 1작은술

1 닭가슴살은 사방 0.8cm 크기로
썬다. 볼에 밑간 재료와 함께
넣고 버무려 10분간 둔다.
파인애플은 사방 1cm 크기로
썬다.

2 달군 팬에 버터를 넣어
녹인 후 닭가슴살을 넣고
약한 불에서 1분 30초간
볶은 후 파인애플을 넣고
1분간 더 익힌다.

> **Tip**
>
> 생크림을 믹서에 넣고 지방과 물이 분리될 때까지 간 후
> 유지방을 체로 건져 면포에 담아 물기를 꼭 짜면 수제 버터가 된답니다.

자두 닭가슴살구이

🥣 1회분 ⏱ 15~25분

- ☐ 닭가슴살 1/2쪽
  (50g, 또는 닭안심 2쪽)
- ☐ 자두 30g(손질 전 35g, 1개)
- ☐ 건포도
  (또는 다른 말린 과일) 4개
- ☐ 모둠 견과류 1/2큰술
  (아몬드, 호두 등 5g)
- ☐ 포도씨유(또는 식용유)
  1/2작은술

1 끓는 물(400㎖)에 닭가슴살을
넣고 중간 불에서 7~8분간
삶아 건진 후 한 김 식혀
잘게 찢는다.

2 견과류는 키친타월에 올려
곱게 다지고, 건포도는
끓는 물에 넣어 센 불에서
1분간 데친 후 체로 건져 곱게
다진다. 자두는 껍질을 벗기고
사방 1cm 크기로 썬다.

3 달군 팬에 포도씨유를 두르고
키친타월로 고루 바른 후
자두를 넣어 중간 불에서
30초간 저어가며 익힌다.
볼에 모든 재료를 넣어 섞는다.

천도복숭아구이

🥣 1회분 🕐 10~20분

천도복숭아 100g(손질 전 120g, 1개),
포도씨유(또는 식용유) 1/2작은술

1 천도복숭아는 껍질을 벗기고
사방 1cm 크기로 썬다.
2 달군 팬에 포도씨유를 두르고 키친타월로
고루 펴 바른다.
3 천도복숭아를 넣어
중간 불에서 저어가며
30초간 굽는다.

파인애플구이

🥣 1회분 🕐 10~20분

파인애플 링 1개(100g),
포도씨유(또는 식용유) 1/2작은술

1 파인애플은 사방 1cm 크기로 썬다.
2 달군 팬에 포도씨유를 두르고
키친타월로 고루 펴 바른다.
3 파인애플을 넣어
중간 불에서 저어가며
2분 30초간 굽는다.

자두구이

🥣 1회분 🕐 5~15분

자두 100g(손질 전 115g, 3개),
포도씨유(또는 식용유) 1/2작은술

1 자두는 껍질을 벗기고 사방 1cm 크기로 썬다.
2 달군 팬에 포도씨유를 두르고
    키친타월로 고루 펴 바른다.
3 자두를 넣어 중간 불에서
    저어가며 30초간 굽는다.

Tip

1 천도복숭아구이
구이용 복숭아는 딱딱한 종류의
복숭아가 좋아요. 기호에
따라 견과류나 떠먹는 플레인
요구르트, 베리류, 시나몬 가루
등을 곁들여도 잘 어울려요.

2 파인애플구이
파인애플을 구우면 신맛이
줄어들고 단맛이 진해져
아기가 먹기 좋아요. 기호에
따라 견과류나 떠먹는 플레인
요구르트, 베리류, 시나몬 가루
등을 곁들여도 어울려요.
고기와 함께 구워 먹어도 좋아요.

🍀 크레페

"크레페는 얇고 부드러워 아기에게 만들어주기 좋은 간식이에요.
반죽을 최대한 얇게 펴서 굽는 것이 포인트인데,
불 조절이 중요하답니다. 몇 장 굽다 보면 금방 요령이 생길 거예요.
크레페 반죽을 많이 구워서 생크림을 바른 후 층층이 쌓아 냉장고에 굳히면
케이크가 되니 다양하게 응용해보세요."

🥣 15cm 5장
🕐 20~30분

☐ 밀가루 60g(9큰술)
☐ 우유 100㎖(1/2컵)
☐ 달걀 1개
☐ 포도씨유 1/2큰술
  (또는 식용유, 버터, 약 5g)

1 볼에 우유와 달걀을 넣고
거품기로 섞는다.

2 ①의 볼에 밀가루를 넣어
날가루가 보이지 않을 때까지
섞은 후 반죽을 체에 내린다.
★ 반죽을 체에 내려야 덩어리
없이 부드럽게 구울 수 있다.

3 달군 팬에 포도씨유를 두르고
키친타월로 고루 펴 바른다.

4 약한 불에서 반죽 한 국자를
넣고 지름 15cm가 되도록
둥글게 돌려가며 얇게 편다.
★ 팬이 많이 달궈졌다면
불을 끄고 반죽을 올린다.

5 약한 불에서 1분간 익혀
가장자리가 일어나면 뒤집어
20~30초간 더 익힌 후 넓은
접시에 겹치지 않게 펼쳐 식힌다.
같은 방법으로 4장 더한다.
★ 포도씨유가 부족하면 더한다.

Tip

1 **재료와 도구 고르기** 밀가루는 유기농 밀가루, 우리밀 밀가루를 사용하면 더욱
  건강한 맛을 낼 수 있고, 통밀가루를 사용하는 경우 식감이 조금 덜 부드러워요.
  팬은 코팅이 잘된, 제일 작은 크기의 것을 사용하세요.
2 **아빠 엄마용 만들기** 크레페 반죽에 설탕이나 시럽을 조금 넣어서 섞거나, 구운 후 시럽을 곁들여도 좋아요.
  시판 초코잼을 바르고 바나나를 곁들이면 엄마 아빠가 먹기에도 좋은 간식이 돼요.

고구마크레페

🍽 15cm 5장　🕐 30~40분

크레페 반죽(165쪽 참고), 고구마 100g(1/2개), 떠먹는 플레인 요구르트 2큰술, 모둠 견과류 1큰술(아몬드, 호두 등 10g), 포도씨유(또는 식용유, 버터) 1/2큰술

1 크레페를 만든다(165쪽 크레페 참고).

2 고구마는 껍질을 벗겨 사방 2cm 크기로 썰고, 견과류는 키친타월에 올려 곱게 다진다.

3 냄비에 고구마와 고구마가 잠길 만큼의 물을 붓고 센 불에서 끓어오르면 5~7분간 더 익혀 건진다. ＊젓가락으로 찔러 상태 확인

4 절구에 고구마를 넣어 으깨고 플레인 요구르트와 견과류를 넣어 섞는다. ┄┄┄┄►

5 크레페에 ④를 곁들인다.

Tip

스퀴저(squeezer)는
레몬, 오렌지 등의 과일
즙을 짜는 도구입니다.

귤소스를 곁들인 크레페

⬭ 15cm 5장　🕐 20~30분

크레페 반죽(165쪽 참고), 포도씨유 1/2큰술(또는 식용유, 버터, 약 10g)
소스 귤 2개(또는 오렌지, 약 100g), 시판 감자 전분 1작은술(2g), 물 1작은술

1 크레페를 만든다(165쪽 크레페 참고).
2 귤은 2등분해 스퀴저로 즙(약 100㎖)을 낸다.
　　＊스퀴저가 없다면 포크나 컵을 이용해도 좋다.
3 ①의 팬을 닦고 소스 재료를 넣어 섞은 후 센 불에서 30초간 저어가며 끓인다.
4 크레페에 ③을 곁들인다.

달걀 채소갈레트

"갈레트 galette 는 반죽을 얇게 구워 속을 채운 후
사방으로 접어 완성하는 메뉴예요.
주로 메밀가루를 이용해 만드는데 달걀이나 쇠고기를 비롯한 각종 고기와 치즈 등
든든한 재료를 넣어 만들면 식사 대용으로 손색이 없답니다."

⌣ 1회분
⏱ 30~40분

□ 크레페 반죽 1/2분량
  (165쪽 참고)
□ 달걀 1개
□ 아기용 저염 슬라이스 치즈
  1장(20g)
□ 양파 30g(1/6개)
□ 당근 20g
  (지름 4cm, 두께 1cm)
□ 포도씨유(또는 식용유)
  1작은술 +1작은술
  + 1작은술

1 크레페 반죽을 만든다
  (165쪽 크레페 참고).
  양파, 당근은 사방 0.2cm
  크기로 다진다.

2 달군 팬에 포도씨유(1작은술)를
  두르고 양파, 당근을 넣어
  중약 불에서 3분간 볶아
  그릇에 펼쳐 담는다.

3 팬에 포도씨유(1작은술)를
  두르고 달걀을 올려 약한 불에서
  3분, 뚜껑을 덮고 3분간 더
  익힌다. 팬을 닦고 다시 달궈
  포도씨유(1작은술)를 두르고
  키친타월로 고루 펴 바른다.

4 반죽을 넣어 지름 20cm가
  되도록 국자 바닥으로 둥글게
  돌려가며 얇게 편다.

5 약한 불에서 1분간 익힌 후
  뒤집어 치즈 → ②의 채소 →
  ③의 달걀 순으로 올린다.
  왼쪽 사진처럼 접은 후
  그릇에 담는다.

Tip

1 구워둔 크레페로 만들기
  팬에 구운 크레페를 펼쳐 채소를 올리고 달걀을 깨뜨린 후 네 모서리를 접어요.
  뚜껑을 덮고 약한 불에서 익히세요.
2 달걀 완숙으로 익히기
  ③의 과정에서 달걀을 올려 약한 불에서 3분, 뒤집어 뚜껑을 덮고 5분간 두어 완전히 익혀도 됩니다.

🌱 감자갈레트

"독일식 감자전, 감자갈레트예요.
두툼하게 구우면 쫄깃한 식감을, 얇게 구우면 바삭한 식감을 느낄 수 있어요.
자투리 채소를 채 썰어 섞은 후 부쳐도 좋아요."

⊖ **15cm 1장**
🕐 **15~25분**

☐ 감자 70g(2/5개)
☐ 시판 감자 전분 1큰술(8g)
☐ 포도씨유(또는 식용유)
    1작은술

1 감자는 껍질을 벗긴다.

2 감자는 0.2cm 두께로 편 썬 후
다시 0.2cm 두께로 채 썬다.
볼에 감자와 감자 전분을 넣어
버무린다. ★ 채칼을 이용해도 좋다.

3 달군 팬에 포도씨유를 두르고
키친타월로 고루 바른 후
②를 넣어 지름 15cm,
두께 0.2cm 크기로 만든다.

4 약한 불에서 감자가 투명해질
때까지 뒤집개로 꾹꾹 눌러가며
2분 30초, 뒤집어 1분간
익힌다. ★ 누르면서 부치면
찢어지지 않는다.

Tip

1 감자갈레트는 물기 없이 감자 전분으로 붙이는 것이
  정석으로, 시판 감자 전분이 감자채끼리 서로 잘 붙게 만들어 줍니다.

2 소금, 후춧가루로 간을 하면 엄마 아빠의 술안주로도 좋아요.

🍀 수플레 오믈렛

"달걀과 설탕만으로 부드러운 케이크 맛이 나는 수플레 오믈렛을 만들 수 있어요.
거품기로 거품을 풍성하게 낸 후 만들면 더 좋겠지만 팔도 아프고 힘도 들고
시간도 많이 걸리니까 간단하게 믹서를 이용해보세요. 구운 직후 바로 먹어야
그 폭신함을 더 잘 느낄 수 있으니 먹기 직전에 만드세요."

⛹ 15cm
🕐 5~15분

☐ 달걀 1개
☐ 설탕 1작은술
☐ 포도씨유(또는 식용유)
　 1작은술

1 푸드 프로세서(또는 믹서)에
달걀, 설탕을 넣는다.

2 거품이 생길 때까지
30~40초간 간다.

3 달군 팬에 포도씨유를 두르고
키친타월로 고루 펴 바른 후
반죽을 붓는다. 약한 불에서
1분간 굽는다. ★ 뒤집개로
꾹꾹 누르지 않도록 주의한다.

4 뒤집은 후 불을 끈다.
★ 반을 접어도 좋다.

Tip

폭신한 느낌을 잘 살리려면?
원래 달걀흰자와 노른자를 분리해 흰자는 거품을 내고
노른자는 충분히 저은 후 두 가지를 섞어 팬에 구워야 더 잘 부풀어
오른답니다. 좀 번거롭겠죠? 그럴 때는 믹서를 활용하세요. 믹서로도
부풀어 오르는 질감을 느낄 수 있어요. 구울 때는 절대 뒤집개로
꾹꾹 누르지 마세요. 뒤집어서 바로 불을 꺼도 다 익은 상태랍니다.

팬케이크

"**팬케이크는 누구나 좋아하는 간식이죠.**
넉넉하게 만들어 엄마 아빠도 같이 드세요.
반죽에 설탕을 첨가하거나, 팬케이크에 아가베 시럽을 비롯한
시럽, 잼, 생크림, 콩포트(과일조림) 등을 취향에 따라 곁들인다면
브런치 레스토랑이 부럽지 않을 거예요."

🥣 8cm 5장
🕐 20~30분

□ 밀가루 60g(9큰술)
□ 달걀 1개
□ 우유 100㎖(1/2컵)
□ 베이킹파우더
  1/2작은술(1g)
□ 포도씨유(또는 식용유)
  1작은술

1 두 개의 볼에 달걀흰자와
노른자를 분리해 담는다.
달걀노른자가 담긴 볼에
우유를 넣어 섞는다.

2 ①의 볼에 밀가루와
베이킹파우더를 넣고 날가루가
보이지 않을 때까지 섞는다.

3 달걀흰자는 거품기로 1~2분간
저어 거품이 완전히 올라올
때까지 휘핑해 머랭을 만든다.
★ 거품기를 들었을 때
거품이 떨어지지 않으면
머랭이 완성된 것이다.

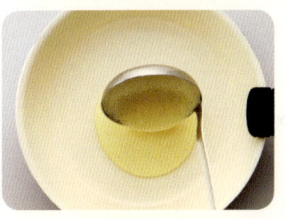

4 ②의 볼에 ③을 넣고 주걱으로
자르듯 살살 섞는다. 달군 팬에
포도씨유를 두르고 키친타월로
고루 펴 바른 후 반죽 한 국자를
넣어 지름 8cm, 두께 0.3cm의
동그란 모양이 되도록 붓는다.

5 중간 불에서 2분, 반죽 윗면에
작은 기포가 올라오면 뒤집어
1분간 구운 후 그릇에 옮겨
담는다. 같은 방법으로
4장 더 굽는다. ★ 포도씨유가
부족하면 더한다.

Tip

1 흰자를 거품 내어 팬케이크를 만들면 식감이 한결 부드러워져요.
2 단면을 매끈하게 구우려면 팬에 기름이 코팅될 정도로만 묻어 있어야 하고,
  팬이 충분히 달궈진 상태에서 반죽을 한 번에 부어야 합니다.
3 기호에 따라 아가베 시럽을 조금 뿌리거나 과일을 곁들이세요.

채소팬케이크

"채소빵 같은 느낌의 팬케이크랍니다.
건강을 생각해 다양한 채소를 넣었어요.
기본 팬케이크에 비해 폭신한 느낌은 덜하지만,
아기가 조금 더 크면 이 팬케이크를 도^{dough} 삼아 피자를 만들어주세요.
어린이 간식으로도 손색이 없어요."

🥣 8cm 5장
🕐 25~35분

□ 밀가루 60g(9큰술)
□ 달걀 1개
□ 우유 100㎖(1/2컵)
□ 양파 30g(1/6개)
□ 당근 15g
   (지름 4cm, 두께 약 0.7cm,
   또는 브로콜리 5g)
□ 베이킹파우더
   1/2작은술(1g)
□ 포도씨유(또는 식용유)
   1작은술 + 1작은술

1 양파와 당근은 곱게 다진다.
두 개의 볼에 달걀흰자와
노른자를 분리해 담는다.

2 달군 팬에 포도씨유(1작은술)를
두르고 양파, 당근을 넣어
센 불에서 2분간 익힌 후
그릇에 펼쳐 담아 한 김 식힌다.

3 달걀노른자가 담긴 볼에 우유를
넣어 섞는다. 밀가루와 베이킹
파우더를 넣고 날가루가 보이지
않을 때까지 섞은 후 양파와
당근을 넣어 한 번 더 섞는다.

4 달걀흰자는 거품기로 1~2분간
저어 거품이 완전히 올라올
때까지 휘핑한 후 ③의 볼에 넣어
주걱으로 자르듯 살살 섞는다.
★ 거품기를 들었을 때 거품이
떨어지지 않으면 머랭 완성.

5 달군 팬에 포도씨유를 두르고
키친타월로 고루 펴 바른 후
반죽 한 국자를 넣어 지름 8cm,
두께 0.3cm 크기의 동그란
모양이 되도록 붓는다.

Tip

이유식을 만들고 남은 자투리
채소나 버섯, 콩 등을 자유롭게
넣어도 좋아요. 팬케이크를
구우면서 기본 팬케이크와 채소
팬케이크를 1/2 분량씩 구워
한 번에 다양하게 만들어보세요.

6 중간 불에서 2분, 반죽 윗면에
작은 기포가 올라오면 뒤집어
1분간 구워 그릇에 옮겨
담는다. 같은 방법으로
4장 더 굽는다. ★ 포도씨유가
부족하면 더한다.

코코아팬케이크 & 바나나

"코코아 가루는 꼭 100% 코코아 가루를 구입하세요.
유기농이면 더 좋고요. 시판 어린이 초코 음료용 코코아 가루에는
당류부터 각종 첨가물이 잔뜩 들어 있어 어린 아기가 먹기엔 좋지 않아요.
100% 코코아 가루에 우유와 설탕이나 시럽을 넣고
잘 섞으면 더욱 진한 풍미의 코코아 음료가 된답니다."

🥣 **15cm 5장**
🕐 **20~30분**

☐ 밀가루 55g(8큰술)
☐ 바나나 1/2개(50g)
☐ 달걀 1개
☐ 우유 100㎖(1/2컵)
☐ 코코아 가루 5g(1큰술)
☐ 베이킹파우더 1/2작은술(1g)
☐ 포도씨유(또는 식용유)
　　1작은술

1 두 개의 볼에 달걀흰자와 노른자를 분리해 담는다. 달걀노른자가 담긴 볼에 우유를 넣어 섞는다.

2 ①의 볼에 밀가루, 코코아 가루, 베이킹파우더를 넣고 날가루가 보이지 않을 때까지 살짝 섞는다.

3 달걀흰자는 1~2분간 저어 거품이 완전히 올라올 때까지 휘핑한 후 ②의 볼에 넣어 주걱으로 자르듯 살살 섞는다. ★거품기를 들었을 때 거품이 떨어지지 않으면 머랭 완성.

4 달군 팬에 포도씨유를 두르고 키친타월로 고루 펴 바른 후 반죽 한 국자를 넣어 지름 8cm, 두께 0.3cm 크기의 동그란 모양이 되도록 가만히 붓는다.

5 중간 불에서 2분, 반죽 윗면에 작은 기포가 올라오면 뒤집어 1분간 구운 후 그릇에 옮겨 담는다. 같은 방법으로 4장 더 굽는다. 바나나를 1cm 두께로 썰어 곁들인다.

Tip

100% 코코아 가루는 대형 마트의 베이킹 코너에서 쉽게 구할 수 있으며 온라인으로도 구입 가능해요.

감자전

"강원도식 감자전은 감자를 강판에 갈아 전분을 내려 감자 건더기와 섞은 후
구워 쫀득한 식감이 일품이지요. 하지만 아기가 먹기에는
너무 차진 면이 있어서, 감자를 그냥 강판에 갈아서 구웠어요.
약간 쫀득하면서도 부드러운 식감이라 간식으로 먹이기에 좋고
밥반찬으로도 좋답니다. 외출할 때 가지고 나가도 좋아요."

🥣 6cm 5장
🕐 15~25분
🧊 냉장 3일

☐ 감자 200g(1개)
☐ 포도씨유(식용유) 1작은술

1 감자는 껍질을 벗긴다.

2 감자를 강판에 간다.

3 달군 팬에 포도씨유를 두르고
키친타월로 고루 펴 바른 후
반죽을 1큰술씩 올려
숟가락으로 지름 6cm,
두께 0.5cm의 동글납작한
모양으로 만든다.

4 약한 불에서 2분,
뒤집어 1분 30초간 뒤집개로
꾹꾹 눌러가며 익힌다.
★ 팬의 크기에 따라 나눠 굽는다.
포도씨유가 부족하면 더한다.

Tip

감자전을 센 불에서 구우면 타기 쉬우니 약한 불에서
은근하게 구워주세요. 쪽파나 당근 등 다른 채소를 더해서 구워도 좋아요.

"어른들 중에도 당근이나 우엉을 싫어하는 사람이 많지요.
편식을 대물림하지 않으려면 아기 때부터 다양한 식재료를
꾸준히 접하는 것이 중요합니다. 당근과 우엉으로 전을 만들면
재료 본연의 맛은 살아 있고 전 특유의 고소한 맛 때문에 아기가 잘 먹을 수밖에
없어요. 초간장이나 초고추장에 찍어서 엄마 아빠도 함께 드세요."

🌸 당근전

🍲 6cm 5장   🕐 15~25분
🔲 냉장 3일

☐ 당근 80g(약 1/3개)
☐ 밀가루 14g(2큰술)
☐ 포도씨유(또는 식용유)
　 1작은술

1 당근은 껍질을 벗겨 강판에
　간다. 볼에 당근과 밀가루를
　넣어 섞는다. 달군 팬에
　포도씨유를 두르고
　키친타월로 고루 펴 바른다.

2 반죽을 1큰술씩 올려 지름 6cm,
　두께 0.5cm의 동글납작한
　모양으로 만든다. 중간 불에서
　앞뒤로 각각 2분씩 굽는다.
　★ 팬의 크기에 따라 나눠 굽는다.
　포도씨유가 부족하면 더한다.

🌸 우엉전

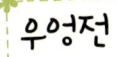

🍲 6cm 5장   🕐 25~35분
🔲 냉장 2~3일

☐ 우엉 75g
　(지름 2cm, 길이 15cm)
☐ 밀가루 21g(3큰술)
☐ 물 50㎖(1/4컵)
☐ 포도씨유(또는 식용유)
　 1작은술

1 우엉은 껍질을 벗기고
　5등분한다. 끓는 물(600㎖)에
　우엉을 넣어 중간 불에서
　5분간 익힌 후 건진다.

2 푸드 프로세서(또는 믹서)에
　우엉, 물을 넣고 1분간 곱게
　간다. 볼에 우엉과 밀가루를
　넣어 섞는다. 달군 팬에
　포도씨유를 두르고
　키친타월로 고루 펴 바른다.

3 반죽을 1큰술씩 올려 지름 6cm,
　두께 0.5cm의 동글납작한
　모양으로 만든다. 중간 불에서
　1분 30초, 뒤집어 1분간 익힌다.
　★ 팬의 크기에 따라 나눠 굽는다.
　포도씨유가 부족하면 더한다.

Tip

1 **우엉 껍질 벗기기** 필러를 사용해도 되지만 칼등이나 구긴 쿠킹 포일을 이용하면 우엉 껍질의
　좋은 성분을 더 많이 남길 수 있어요. 우엉은 빨리 갈변되니 껍질을 벗긴 즉시 물에 담가두세요.
2 **우엉 대신 연근 활용하기** 연근도 껍질을 벗긴 후 끓는 물에 살짝 데치거나 혹은 그냥 갈아
　반죽에 넣어 구우세요.

🍀 단호박쿠키

🍚 약 25개분　🕐 30~40분　🧊 냉장 7일

단호박 50g(손질 전 70g, 1/10개), 밀가루 80g(11큰술),
달걀노른자 1개, 베이킹파우더 1/2작은술

1 단호박을 삶는다(31쪽 단호박퓌레 참고).
2 오븐은 160℃(미니 오븐 동일)로 예열한다.
3 볼에 단호박을 넣고 으깬 후 완전히 식힌다.
4 다른 볼에 밀가루와 베이킹파우더를 넣어 고루 섞는다.
5 ④의 볼에 단호박, 달걀노른자를 넣어 날가루가 없을 때까지 ·······▶
　　한 덩어리로 뭉친다.
6 종이 포일을 깐 오븐 팬에 둥글거나 또는 길게 모양을 만들어 올린다.
7 160℃로 예열된 오븐의 가운데 칸에서 15분간 노릇하게 굽는다.
　　식힘망에 올려 식힌다. ＊오븐 팬의 크기에 따라 나눠 굽는다.

Tip

<u>1</u> 단호박의 수분 함량에 따라 밀가루의 양을 조절하세요.
<u>2</u> 집집마다 오븐의 온도가 조금씩 다르니 구우면서 상태를 한 번씩 살피고,
　오븐에서 꺼낸 후에는 식힘망이나 체반에 올려 식히세요.

단호박 아몬드 상투과자

🥣 약 35개분   🕐 30~40분   🧊 냉장 7일

단호박 100g(손질 전 120g, 1/6개), 아몬드 가루 4큰술(16g),
달걀노른자 1개

1 단호박을 삶는다(31쪽 단호박퓌레 참고).

2 오븐은 180℃(미니 오븐 동일)로 예열한다.

3 볼에 단호박을 넣고 곱게 으깬 후 완전히 식힌다.
아몬드 가루, 달걀노른자를 넣어 고루 섞는다.

4 위생팩에 ③의 반죽을 넣고 한쪽 모서리를 2cm가량 자른다.
종이 포일을 깐 오븐 팬에 위생팩을 1cm 높이로 띄우고
수직으로 세워 지름 2cm, 높이 2cm 크기로 짠다. ------------→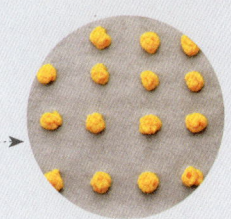

5 180℃로 예열된 오븐의 가운데 칸에서 10분간 노릇하게 굽는다.
식힘망에 올려 식힌다. ＊오븐 팬의 크기에 따라 나눠 굽는다.

Tip

아몬드 가루는 대형 마트의 베이킹 코너에서 구입할 수 있어요.
기호에 따라 잣가루 등 다양한 견과류 가루를 넣어 응용해도 좋습니다.

달걀과자

치즈슈(과자)

"시판 아기 과자를 보면 양은 적은데
가격은 너무 비싸지요.
엄마가 조금만 손품을 팔면
적은 재료비로 건강한 아기 과자를
만들 수 있어요."

🍀 달걀과자

🥣 약 70개분 🕐 25~35분

- □ 밀가루 100g(1컵)
- □ 달걀 1개
- □ 포도씨유(또는 올리브유)
  3큰술
- □ 베이킹파우더
  1/2작은술(1g)

1 오븐은 180℃(미니 오븐
동일)로 예열한다.
볼에 달걀과 포도씨유를 넣고
거품기로 섞은 후 밀가루와
베이킹파우더를 넣어
한 덩어리로 반죽한다.

2 종이 포일을 깐 오븐 팬에 지름
1.5cm 크기로 동글게 성형한
반죽을 올려 180℃로 예열된
오븐의 가운데 칸에서 15분간
노릇하게 굽는다. 식힘망에 올려
식힌다. ★오븐 팬의 크기에 따라
나눠 굽는다.

🍀 치즈슈(과자)

🥣 30~35개 🕐 25~35분

- □ 삶은 달걀노른자 2개
- □ 아기용 저염 슬라이스 치즈
  2장(40g)
- □ 시판 감자 전분
  1/2작은술(1g)

1 오븐은 180℃(미니 오븐
동일)로 예열한다.
볼에 모든 재료를 넣고
치즈가 섞일 때까지 1분간
한 덩어리로 반죽한다.

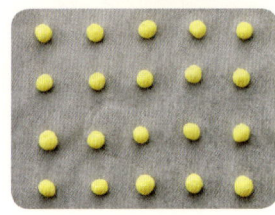

2 종이 포일을 깐 오븐 팬에
지름 1.5cm 크기로 동글게
성형한 반죽을 올려 180℃로
예열된 오븐의 가운데 칸에서
15분간 노릇하게 굽는다.
식힘망에 올려 식힌다. ★오븐
팬의 크기에 따라 나눠 굽는다.

Tip

프라이팬에 굽는 경우 팬에 반죽을 올린 후 뚜껑을 덮고
가장 약한 불에서 10분 정도 굽고 뒤집어서 꺼질 듯 말듯
불을 줄인 후 1~2분간 굽는다.

고구마과자

"어른이 먹어도 맛있는 고구마과자예요.
따로 간을 하지 않아도 고구마와 아몬드 가루의 맛으로 충분히 맛있답니다.
외출할 때 가지고 나가세요. 딱딱하지 않은 부드러운 식감이라
아기가 먹기에 전혀 부담 없어요."

🥣 14개분
🕐 30~40분

☐ 고구마 100g(1/2개)
☐ 아몬드 가루 2큰술(8g)
☐ 시판 감자 전분 1큰술(8g)
☐ 포도씨유(또는 올리브유)
　1큰술

1 고구마를 삶는다
　(27쪽 고구마퓌레 참고).
　오븐은 180℃로 예열한다.

2 절구에 고구마를 넣고
　으깬 후 한 김 식힌다.
　아몬드 가루, 감자 전분,
　포도씨유를 넣어
　한 덩어리로 반죽한다.

3 도마(또는 작업대)에 감자
　전분(1큰술)을 뿌리고
　반죽을 올려 손이나 밀대로
　14×14×0.5cm 크기의
　정사각형을 만든 후
　2등분해 2cm 폭으로 썬다.

4 포크로 찍어 무늬를 만든다.
　오븐 팬에 반죽을 올리고
　180℃로 예열된 오븐의 가운데
　칸에서 15분간 노릇하게 구워
　식힘망에 올려 식힌다. ★오븐
　팬의 크기에 따라 나눠 굽는다.

Tip

반죽이 질기 때문에 꼭 작업대에 전분을 뿌린 후에
반죽을 펴세요. 정사각형을 만들 때는 끝 부분에 젓가락을 놓고
선을 맞추면 예쁜 정사각형을 만들 수 있지요. 모양은 좀 더 작게
만들 수도 있고 원하는 모양으로 자유롭게 성형해도 됩니다.

호박고구마과자

감자과자

"호박고구마과자는 반죽을 숟가락으로 떠서 팬에 올려
굽기만 하면 되는데요, 만드는 법도 간단하고 맛도 달콤 고소하답니다.
감자과자는 단맛은 덜하지만 담백한 맛이 좋아요.
작게 빚어 구워도 되고 조금 더 크게 빚어 구워도 돼요."

❀ 호박고구마과자

🍽 약 25개 ⏱ 30~40분

- ☐ 호박고구마 100g(1/2개)
- ☐ 아몬드 가루 4큰술(16g)
- ☐ 시판 감자 전분 3큰술(24g)
- ☐ 포도씨유(또는 올리브유)
  1큰술

Tip

1 짤주머니(또는 위생팩)에
  넣어 상투과자처럼 짜도
  좋아요.
2 손가락에 물을 묻혀 ③의
  반죽 윗면을 매끄럽게
  만들면 표면이 부드러운
  과자가 됩니다.

1 호박고구마는 사방 2cm 크기로
  썬다. 냄비에 고구마와 고구마가
  잠길 만큼의 물을 붓고 센 불에서
  끓어오르면 5~7분간 더 삶는다.
  오븐은 180℃로 예열한다.

2 볼에 호박고구마를 넣고
  으깬 후 한 김 식힌다.
  아몬드 가루, 감자 전분,
  포도씨유를 넣어 섞는다.

3 종이 포일을 깐 오븐 팬에
  1작은술씩 반죽을 올린다.
  180℃로 예열된 오븐의
  가운데 칸에서 15분간
  노릇하게 구운 후 식힘망에
  올려 식힌다.

❀ 감자과자

🍽 약 45개 ⏱ 30~40분

- ☐ 감자 200g(1개)
- ☐ 아몬드 가루 1큰술(4g)
- ☐ 시판 감자 전분 1큰술(8g)
- ☐ 포도씨유(또는 올리브유)
  1큰술

Tip

오븐이 없는 경우에는?
프라이팬에 올려 뚜껑을 덮고
약한 불에서 10분, 뒤집어서
1~2분간 구워도 됩니다.

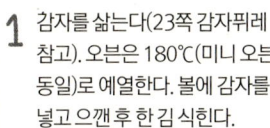

1 감자를 삶는다(23쪽 감자퓌레
  참고). 오븐은 180℃(미니 오븐
  동일)로 예열한다. 볼에 감자를
  넣고 으깬 후 한 김 식힌다.

2 ①의 볼에 아몬드 가루,
  감자 전분, 포도씨유를 넣고
  한 덩어리로 반죽한다.
  지름 3cm, 두께 0.5cm 크기로
  동글납작하게 만들어 종이
  포일을 깐 오븐 팬에 올린다.

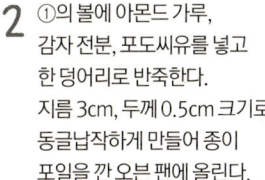

3 포크로 눌러 모양을 낸다.
  180℃로 예열된 오븐의 가운데
  칸에서 15분간 노릇하게
  구운 후 식힘망에 올려 식힌다.
  ★오븐 팬의 크기에 따라
  나눠 굽는다.

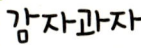

🍀 바나나 프렌치토스트

"달걀과 우유가 촉촉하게 빵에 스며든 프렌치토스트예요.
식빵만 있으면 금방 만들 수 있답니다. 돌이 지났으니
생우유를 넣어도 되고요, 아직 생우유가 부담스럽다면 분유나 모유,
혹은 두유를 넣어 만들어도 된답니다."

🍲 1~2인분
🕐 15~25분

☐ 식빵 1개(45g)
☐ 달걀 1개
☐ 우유 50㎖(1/4컵)
☐ 바나나 50g(1/2개)
☐ 포도씨유(또는 올리브유)
   1/2큰술 +1작은술
☐ 아가베 시럽 약간
   (또는 올리고당, 생략 가능)

1 넓은 그릇에 달걀, 우유를 넣어 섞는다.

2 ①에 식빵을 넣어 앞뒤로 달걀물을 고루 묻힌다.

3 달군 팬에 포도씨유 (1/2큰술)를 두르고 식빵을 올려 약한 불에서 앞뒤로 각각 2분씩 노릇하게 굽는다.

4 바나나는 껍질을 벗겨 0.5cm 두께로 썰고, 식빵은 한 김 식혀 9등분한다. ★식빵 테두리가 질겨서 아기가 먹기에 어려워하면 잘라내도 좋다.

5 팬을 닦고 다시 달궈 포도씨유 (1작은술)를 두른 후 남은 달걀물을 넣어 약한 불에서 1분 30초간 저어가며 익힌다. 그릇에 모두 담고 아가베 시럽을 곁들인다.

밤양갱

"밤양갱은 아기뿐 아니라 어른이 먹어도 맛있어요.
밤만 맛있으면 시럽을 넣지 않아도 충분히 달콤하고 고소하답니다.
밤 속을 파내는 일이 쉽지 않고 손도 아프지만
밤은 아이의 성장 발육에도 도움을 주고 두뇌에도 좋은 재료이니
수고스럽더라도 종종 만들어주세요."

🍚 2~3회분
🕐 35~45분(+ 굳히기 1시간)

☐ 밤 150g
　(손질 전 200g, 큰 것 7개)
☐ 물 150㎖(3/4컵)
☐ 한천 가루 1작은술(2g)
☐ 아가베 시럽 1/2작은술
　(또는 유기농 설탕, 생략 가능)

1 냄비에 물(1ℓ)와 밤을 넣어
뚜껑을 덮고 중간 불에서
끓어오르면 20~25분간
더 끓인다.

2 밤은 2등분해 작은 숟가락으로
속을 파낸 후 으깬다(150g).

3 냄비에 물(150㎖)와 한천 가루를
넣어 섞고 센 불에서 저어가며
끓인다. 끓어오르면 약한 불로
줄여 30초간, 밤과 아가베 시럽을
넣고 저어가며 1~2분간
더 끓인다.

4 틀에 부어 실온에서
1시간 이상 굳힌다.
틀에서 꺼내 먹기 좋게 썬다.

Tip

양갱, 실패 없이 만들려면?
틀을 물로 헹군 후 양갱을 넣어 굳히면 다 굳은 다음
틀에서 빼낼 때 쉽게 잘 빠져요. 양갱은 넉넉하게 만들어서
어른들께 선물해도 좋은 간식이에요.

요구르트판나코타 & 망고판나코타

" 판나코타 panna cotta 는 우유, 크림, 설탕에 젤라틴을 녹여서 만드는
이탈리아식 디저트예요. 우유푸딩인 판나코타는 플레인으로 먹어도 되지만
다양한 토핑을 올리면 매번 색다르게 즐길 수 있답니다.
망고뿐만 아니라 복숭아, 블루베리, 딸기 등 자유롭게 토핑하세요. **"**

🥣 2개분
🕐 5~15분(+ 굳히기 1시간)

□ 떠먹는 플레인 요구르트
  50g(2/3통)
□ 생크림 100㎖(1/2컵)
□ 설탕 1작은술(생략 가능)
□ 망고 20g
  (또는 냉동 망고, 생략 가능)
□ 판 젤라틴 2장(4g)

1 찬물(400㎖)에 판 젤라틴을
  넣고 격자무늬가 사라질 때까지
  불린 후 물기를 꼭 짠다.

2 냄비에 플레인 요구르트,
  생크림, 설탕을 넣어
  중간 불에서 1분간 저어가며
  따뜻하게 데운다.

3 판 젤라틴을 넣고 완전히
  녹을 때까지 저은 후 불을 끈다.
  2개의 틀에 나눠 담고 식힌 후
  냉장실에서 1시간 이상 굳힌다.

4 망고는 씨를 기준으로 양옆의
  과육을 칼로 썬 후 계량컵이나
  얇은 유리컵 끝을 이용해
  긁어내듯 아래로 내려 껍질과
  과육을 분리한다. 사방 0.5cm
  크기로 썰어 ③에 곁들인다.

Tip

젤라틴 구입처와 불리는 방법
판 젤라틴은 대형 마트의 베이킹 코너와 온라인에서 쉽게 구할 수 있어요. 판 젤라틴을 불리는 시간은 계절에
따라 다른데, 겨울보다 온도가 높은 여름에 더 잘 불려지지요. 물에 불린 후 건졌을 때 격자무늬가 사라지고
흐물흐물해지면 잘 불려진 것입니다. 너무 오래 불리면 녹아 꺼내기 힘들어지니 격자무늬를 확인하세요.

딸기젤리

"저희 아이도 1년 내내 딸기 노래를 불러서 딸기가 나오면 비싸도 사주고
냉동해두었다가 해동에서 플레인 요구르트에 섞어 먹이기도 해요.
젤라틴을 넣어 만드는 딸기젤리는 한천을 이용해 만드는 젤리보다
더 탱글탱글한 식감을 느낄 수 있어요."

🥣 1~2회분
🕐 20~30분(+ 굳히기 1시간)

☐ 딸기 100g(5개)
☐ 판 젤라틴 2장(4g)
☐ 설탕 1작은술(생략 가능)
☐ 생수 50㎖(1/4컵)

1 찬물(400㎖)에 판 젤라틴을
넣고 격자무늬가 없어질 때까지
불린 후 물기를 꼭 짠다.

2 딸기는 체에 밭쳐 흐르는 물에
씻고 으깨듯이 곱게 다진다.
＊딸기는 갈거나 으깨도 좋다.

3 냄비에 딸기, 설탕, 생수를
넣어 중간 불에서 1분간 데워
따뜻해지면 판 젤라틴을 넣고
완전히 녹을 때까지 저은 후
불을 끈다.

4 틀에 부어 식힌 후 냉장실에서
1시간 동안 굳힌다.

Tip

1 생딸기가 없다면 냉동 딸기를 해동해서 사용해도 좋습니다.
2 생수와 딸기를 믹서에 갈아 젤리를 만들어도 된답니다.

골드키위젤리

🥣 1~2회분 ⏱ 15~25분(+ 굳히기 1시간)

골드키위 180g(2개), 판 젤라틴 2장(4g),
아가베 시럽 1작은술(또는 올리고당, 생략 가능)

1 찬물(400㎖)에 판 젤라틴을 넣고
  격자무늬가 없어질 때까지 불린 후 물기를 꼭 짠다.
2 골드키위는 껍질을 벗기고 강판에 간다(과육 150㎖).
3 냄비에 골드키위 과육과 아가베 시럽을 넣고 중간 불에서
  1분간 데워 따뜻해지면 판 젤라틴을 넣어 완전히 녹을 때까지
  저은 후 불을 끈다. ＊키위는 끓이면 신맛을 줄일 수 있다.
4 틀에 부어 식힌 후 냉장실에서 1시간 동안 굳힌다.

Tip

젤리는 다양하게 응용해서
만들 수 있어요. 신 과일도
젤라틴을 이용하면 한천보다 더
잘 굳거든요. 젤라틴을 이용할
때는 물이나 즙을 끓일 필요 없이
젤라틴이 녹을 정도로만
살짝 데워주면 됩니다.

귤젤리

🍮 1~2회분 🕐 15~25분(+ 굳히기 1시간)

귤 180g(3개, 또는 오렌지 2/3개), 판 젤라틴 2장(4g), 아가베 시럽(또는 올리고당) 1작은술

1 찬물(400㎖)에 판 젤라틴을 넣고 격자무늬가 없어질 때까지 불린 후 물기를 꼭 짠다.
2 귤은 2등분한 후 스퀴저로 짠다(과즙 150㎖).
   *포크나 컵을 사용해도 좋다.
3 냄비에 귤즙, 아가베 시럽을 넣고 중간 불에서 1분간 데워 따뜻해지면 판 젤라틴을 넣어 완전히 녹을 때까지 저은 후 불을 끈다.
4 틀에 부어 식힌 후 냉장실에서 1시간 동안 굳힌다.

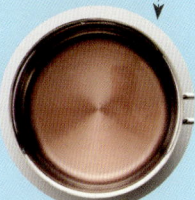

오미자젤리

🍮 1~2회분 🕐 10~20분(+ 굳히기 1시간)

오미자농축액 2큰술(또는 매실청, 30㎖), 생수 120㎖(3/5컵), 판 젤라틴 2장(4g)

1 찬물(400㎖)에 판 젤라틴을 넣고 격자무늬가 없어질 때까지 불린 후 물기를 꼭 짠다.
2 냄비에 오미자농축액, 생수를 넣고 중간 불에서 1분간 데워 따뜻해지면 판 젤라틴을 넣어 완전히 녹을 때까지 저은 후 불을 끈다.
3 틀에 부어 식힌 후 냉장실에서 1시간 동안 굳힌다.

사과크럼블 & 배 블루베리크럼블

❝크럼블^{crumble}은 밀가루에 버터와 설탕을 넣어 보슬하게 구운 거예요.
과일과 함께 먹으면 아주 맛있지요. 큰 그릇에 넉넉하게 구워 덜어 먹어도 되고,
작은 그릇에 하나씩 구워 그릇째 먹어도 좋습니다. 반죽에 설탕을 조금 더하면
소보로처럼 달콤해지니 설탕의 양은 취향에 따라 가감하세요.
어릴 적 소보로빵의 소보로만 먹고 싶어 하던 제게 엄마가 크럼블만 따로 구워서
실컷 먹으라고 주신 적이 있어요. 먹는 것에 관한 기억이
가장 오래 남는다고 하지요. 지금 힘든 이 이유식 과정이 아기의 기억 저편에
좋은 정서로 남을 거예요. 커서 기억을 못한다고 하더라도 말이죠.❞

사과크럼블

Tip

1 차가운 상태의 버터를 사용하면
크럼블이 조금 더 바삭해져요.

2 과일은 딸기나 망고 등 다양하게
응용하면 다채로운 맛을 경험할
수 있습니다.

3 배는 사과보다 단맛이 덜하기
때문에 설탕의 양은 기호대로
가감하세요.

🥣 8cm 2개　⏱ 30~40분

사과 과육 40g, 배 과육 35g, 블루베리 5g(2~3개)
반죽 박력분 60g(4큰술), 버터 30g(3큰술), 유기농 황설탕 10g

1 오븐은 200℃로 예열한다.

2 볼에 반죽 재료를 넣고 소보로처럼 덩어리질 때까지
　　비비듯 주무르며 반죽한다.

3 사과와 배, 블루베리는 사방 0.5cm 크기로 썬다.

4 지름 8cm 크기의 내열 용기에 반죽 2큰술 → 사과 1/2 분량 →
　　반죽 2큰술 → 사과 1/2 분량 → 반죽 3큰술 순으로 올린다.

5 지름 8cm 크기의 다른 내열 용기에 반죽 2큰술 → 배, 블루베리 1/2 분량
　　→ 반죽 2큰술 → 배, 블루베리 1/2 분량 → 반죽 3큰술 순으로 올린다.

6 오븐 팬에 올려 200℃로 예열된 오븐의 가운데 칸에서 15분간
　　노릇하게 굽는다. *오븐 팬의 크기에 따라 나눠 굽는다.

배 블루베리크럼블

망고 요구르트아이스크림

🍚 3~4회분 🕐 5~15분(+얼리기 3시간)
🧊 냉동 10일 이상

떠먹는 플레인 요구르트 150g(2통),
망고 50g(1/4개), 아가베 시럽 1큰술
(또는 올리고당, 기호에 따라 가감)

1 망고는 씨를 기준으로 양옆의 과육을
  칼로 썬 후 껍질을 제거하고
  사방 0.3cm 크기로 다진다.
2 볼에 모든 재료를 넣어 섞는다.
3 틀에 ②를 넣고 냉동실에서
  3시간 이상 얼린다.

자몽주스

🍚 2~3회분 🕐 5~15분 🧊 냉장 2~3일

자몽 1/2개(130g), 생수 200㎖(1컵),
아가베 시럽(또는 올리고당) 1/2~1작은술

1 자몽은 깨끗이 씻어 2등분한다.
2 스퀴저를 이용하여 즙(100㎖)을 낸다.
  ★포크나 유리잔을 이용해도 좋다.
3 ②에 생수, 아가베 시럽을 넣고 섞는다.

망고 요구르트아이스크림

Tip

딸기나 복숭아, 블루베리 등
원하는 과일로 대체해도 좋아요.

배 대추소르베

🥣 3~4회분   🕐 15~25분(+ 얼리기 3시간)   ❄냉동 10일 이상

배 200g(손질 전 250g, 1/2개), 말린 대추 20g(4~5개)

1 냄비에 물(400㎖)을 끓인다. 대추는 깨끗이 씻은 후 돌려 깎아 씨를 제거한다.
2 ①의 냄비에 대추를 넣고 센 불에서 5분간 물렁해질 때까지 끓인다.
   숟가락 뒷부분으로 눌러 과육을 체에 내린다.
3 배는 껍질과 씨를 제거하고 강판에 간다.
4 스테인리스 밀폐 용기에 배와 대추를 넣어 섞는다.
5 뚜껑을 닫고 냉동실에서 1시간 30분 동안 얼린 후 포크로 위아래를 ┄┄┄┄
   골고루 굵고 뚜껑을 닫아 다시 냉동실에서 얼린다.
   이 과정을 2~3회 반복한다. ★ 이 과정을 많이 반복할수록
   부드러운 식감의 소르베가 완성된다.

자몽주스

배 대추소르베

Tip

1 소르베는 감기에 걸려 목이 부은 아기에게 좋습니다.
2 소르베 재료는 스테인리스 통에 넣어 얼리는 게 좋아요.

Index

엄마들이 꼭 알아야 할 유아식 기본 전략과
풍부한 레시피를 한 권에

유아식 성공을 위한 3가지 기본 전략과
풍부한 레시피

- ☑ 두 아이의 엄마이자 건강 및 영양 자문가 워킹맘 저자의 생생 스토리
- ☑ 식판식 밥, 반찬, 간식까지! 상황별로 필요한 다양하고 맛있는 레시피
- ☑ 꼭 알아야 할 유아식 가이드 & 레시피 216가지
- ☑ 아이 요리에 어른을 위한 간 더하는 법 추가
- ☑ 독자들이 직접 물은 유아식 시시콜콜 Q&A

" 우리 아이 만큼은 편식 안하는 사람으로 키우고 싶어서 이 책을 구입했어요. 어른 반찬도 한 번에 할 수 있는 메뉴, 응용 가능한 메뉴가 많고 어렵지 않아요!

- 온라인 서점 예스24
파**딩 독자님 -

한창 성장할 나이의 아이들, 편식 없는 건강한 식습관을 위한 엄마표 반찬

3~10세 아이에게 꼭 필요한 영양과 맛을 담은 제철 식단

- ☑ 전문가가 알려주는 아이가 잘 먹는 반찬 노하우
- ☑ 제철 재료로 만든 아이용 즉석반찬과 밑반찬 146가지
- ☑ 성장기 아이에게 꼭 필요한 영양소 가득 식단 81세트
- ☑ 한 그릇만으로도 맛과 영양이 충분한 밥, 면, 빵 등 다채로운 식단 구성
- ☑ 설탕 없이도 아이들이 좋아하는 맛이 가득

> ❝
> 어린이집 가서 반찬때문에
> 밥만 먹고 오는 때가 많아서
> 속상하더라고요.
> 이 책은 제철 반찬으로 편식 식단을
> 꾸며볼 수 있어 좋아요!
> – 온라인 서점 예스24
> e*****a 독자님 –

아기가 잘 먹는
이유식은 따로 있다 간식편

1판 1쇄 펴낸 날	2015년 10월 6일
1판 2쇄 펴낸 날	2023년 6월 27일

편집장	김상애
책임편집	김진우
편집	한혜선
레시피 검증	강효은
아트 디렉터	원유경
디자인	변바희
사진	강진주(Aostudio, 어시스턴트 성기상)
스타일링	최새롬(Styling ho, 어시스턴트 김혜진)
교정·교열	전남희
기획·마케팅	엄지혜

편집주간	박성주
펴낸이	조준일

펴낸곳	(주)레시피팩토리
주소	서울특별시 용산구 한강대로 95 래미안용산더센트럴 A동 509호
대표번호	02-534-7011
팩스	02-6969-5100
홈페이지	www.recipe-factory.co.kr
애독자 카페	cafe.naver.com/superecipe
출판신고	2009년 1월 28일 제25100-2009-000038호

제작·인쇄	(주)대한프린테크
값 14,400원	
ISBN 979-11-85473-10-9-13590	

소품협찬	김성훈도자기(kimsunghun.com), 마켓엠(market-m.co.kr), 브레비(brevi.co.kr), 소일베이커(02-537-0808) 스타일리티(styliti.com), 아이베코리아(eibekorea.kr), 에델바움(mugenmall.com),에이프럴트리(apriltree.co.kr) 윤현핸즈(spacebe.co.kr) 이폴리움(dibambi.com), 짐블랑(jaimeblanc.com), 코지레이지(cozylazy.co.kr) 플랫포인트(flatpoint.co.kr), 하우스라벨(houselabel.co.kr), SSOMIK(박소연 작가, ssomik.co.kr)